Le Phénomène de l'Âme

Larisa SEKLITOVA
Ludmila STRELNIKOVA

Le Phénomène de l'Âme
Ou Comment Atteindre la Perfection

La série de « La Magie de la Perfection »

Edition : BoD - Books on Demand
12/14 rond-point des Champs Elysées
75008 Paris
Imprimé par BoD – Books on Demand, Norderstedt
ISBN : 978-2-**3221-3853-1**
Dépôt légal : **Mars 2017**

<u>Réédition : Février 2021</u>

LE PHÉNOMÈNE DE L'ÂME ou
COMMENT ATTEINDRE LA PERFECTION
Seklitova L. A., Strelnikova L. L. – Moscou: Amrita-Rus, 2008
(Série «La Magie de la perfection».)

Ce livre répond à de nombreuses questions que se pose l'homme, en particulier, quel est le sens de la vie quand il la vit sans but, en quoi résident le sens positif et le sens négatif du développement, et quelles sont les méthodes de lutte pour la conquête des âmes utilisées par les Systèmes d'opposition du Cosmos.

Le lecteur prendra connaissance de l'essence des différences entre les types d'âmes, pourquoi l'homme n'a pas accès à la mémoire du passé, comment fonctionne le programme d'auto-apprentissage, ainsi que l'information sur les situations sans issue dans la vie et sur le fonctionnement des matrices des lois, des concepts, du temps dans les structures subtiles de l'homme. La gloire est une technique d'éducation des Inférieurs, suivant l'exemple des Suprêmes.

La Gloire est une méthode pour éduquer le Bas sur l'exemple du développement du Supérieur.
Strelnikova L.L.

Introduction

En quoi consiste la magie de la perfection pour l'homme ? En soi, le mot «magie» lui est perçu comme un processus qui engendre des prodiges. Cela représente une sorte de sorcellerie qui nous apporte quelque chose d'inhabituel sur un coup de baguette magique ou en prononçant le mot magique. Des éléments apparaissent à partir de rien, mais l'homme quant à lui est capable de passer d'une forme d'existence à une autre, par exemple, de la grenouille à la princesse, et de l'ours à l'humain. La Lampe d'Aladin a la propriété de matérialiser le désir humain en faisant apparaitre des objets de luxe, et le cerf, surnommé «Le cerf au sabot d'argent», est capable de faire jaillir des pierres précieuses de son sabot. Tout cela semble n'être à première vue que pure imagination, mais si on pense à tout ce qui se passe autour, ces récits se confirment dans la réalité.

Tout animal, en suivant une longue évolution est susceptible de se transformer en être humain, donc il est probable que l'âme ayant passé par le stade d'existence de grenouille, après quelques millions d'années, pourrait se retrouver dans une beauté humaine. Et ainsi, le conte de fées se transforme en réalité, les faits réels du processus évolutionniste de développement se retrouvent à sa base.

La matérialisation des choses, d'autre part, n'est plus un fait nouveau. Le Saint Shirdi Sai Baba matérialise des objets, Elena Petrovna Blavatsky de sa part, matérialisait également des objets en or à partir de l'air et inondait des roses sur les gens de roses.. Et dans Les recherches du groupe de Scole «The Scole Experiment», écrite par

Grant et Jen Solomon décrit la matérialisation de nombreux objets différents et même de vieilles photos, réalisées par des Êtres intelligents du plan subtil, et qui sont entrés en contact avec le groupe de chercheurs enthousiastes. Ainsi donc, nous arrivons à comprendre que tout conte de fée peut devenir réalité. Mais pour que cela se passe, il faut du temps et une extension des notions humaines, ce qui signifie, on a besoin des connaissances du monde subtil et de ses liens avec notre plan physique.

Pour comprendre les phénomènes inhabituels, il faudrait nécessairement une connaissance des processus qui relient les mondes physiques et les mondes subtils, des connaissances sur les habitants de d'autres plans, invisibles à l'homme, et de leur capacité à influencer notre monde. En d'autres termes, pour une compréhension de faits inhabituels, il faut des **connaissances** essentielles.

La matérialisation d'objets peut être effectuée par une appropriation de codes de la matière ou par l'utilisation d'installations spéciales du plan subtil, et la transformation d'une forme à une autre est une réalité existante, qui se manifeste tout le temps dans la création sur la base du fonctionnement des lois du développement de l'évolution. Bien sûr, le passage d'une forme à une autre ne se passe pas aussi vite comme nous l'aurions souhaité, mais il a lieu tout de même.

Si nous nous tournons vers les extraterrestres qui sont très développés et qui sont en possession des codes de la matière physique, ils peuvent se matérialiser sous différentes formes sur la base d'utilisation de codes de transformation. Beaucoup d'entre eux vivent dans leur propre monde sous une certaine forme, mais, à leur arrivée sur Terre, ils prennent une forme humaine, afin de ne pas faire peur au monde par leur apparence inhabituelle. Donc, Ce conte est la transformation instantanée d'une créature en une autre, ainsi elle devient une histoire réelle.

Comme nous pouvons le constater, la capacité de devenir magicien, posséder des pouvoirs magiques sont à la portée de chaque individu. Pour cela, il ne faut qu'une seule chose, c'est se développer normalement d'étape en étape. Alors, un beau jour, on se transforme d'une horrible grenouille, en belle fille, ou en beau jeune homme, et on apprend à manipuler la matière au moyen de la connaissance des lois de sa transformation.

Chapitre 1
LE DÉVELOPPEMENT DE L'ÂME

Dis-moi, ne voudriez-vous pas apprendre comment créer de belles fleurs, des arbres majestueux, des oiseaux qui chantent ou des poissons rouges pour un aquarium?

À première vue, cette question semble inappropriée ou provocatrice. Mais tout ce qui est imaginable, est possible. La rose ou le chrysanthème n'ont-ils pas été créés par une idée créative spécifique d'un Être Suprême, une Personnalité Suprême? Le chêne superbe ou le bouleau branchu ne sont-ils pas le fruit de l'imagination de quelqu'un, qui s'est ensuite transformée en réalité matérielle? (Il existe encore une réalité invisible pour le monde subtil).

L'homme doit savoir que tout ce qui existe autour de lui, a été créé par une idée des Créateurs Suprêmes. Toutefois, ceux-ci n'ont pas toujours été des artisans, ils ont tous dû à un moment donné, passer par les mondes bas, matériels ou énergétiques, et ils ont tous mis des milliards et des milliards d'années dans l'apprentissage de la création des formes de vie, telles que les fleurs, les plantes, les insectes, les poissons, les oiseaux, etc.

En observant le papillon étonnamment coloré ou la libellule sur de beaux pétales de fleurs, nous pouvons maintenant voir et comprendre qu'ils sont si beaux et parfaits, non pas parce qu'ils ont été «accidentellement» créés par la Nature, mais parce que chaque élément a été l'objet de mûre réflexion dans leurs fonctions vitales, leurs lignes et couleurs esthétiques, par une pensée des Personnalités Suprêmes, lesquels ont passé par une certaine étape de développement.

L'homme les suit dans sa voie de perfection. Par conséquent, toute personne qui le désire, est capable un jour de parfaire son évolution, et atteindre le niveau du Créateur d'une nouvelle fleur ou d'un être vivant, un Créateur de systèmes et d'univers planétaires. Et pour tout cela, il ne faut qu'une chose, c'est votre assiduité dans la maitrise des connaissances et des lois, qui vous sont offerts par les Maîtres Suprêmes.

La magie de la perfection existe dans la réalité. Elle fonctionne à travers les lois de l'évolution. Et c'est notamment grâce aux lois que la femme laide se transforme en une belle femme, l'ignorant en un savant, l'inexpérimenté en un Créateur de nouveaux mondes. **La magie de la perfection passe par les Lois de l'évolution.**

- - -

Mais quelle est l'essence de la perfection spécifique de l'âme humaine à un stade donné de son évolution?

Du point de vue de l'homme, c'est l'accumulation incessante des connaissances et d'expérience de vie.

Du point de vue du Cosmos, ou des Maîtres Suprêmes, c'est une croissance constante d'énergoaccumulations de l'Âme, en d'autres termes de richesse intérieure, du talent, de superpouvoirs; une croissance de son énergopotentiel par le biais d'une augmentation du volume des énergoqualités, ce qui signifie une puissance de la croissance de la Personnalité, de ses capacités, une volonté de fer et une grandeur d'Esprit.

Mais si on analyse les subtilités du développement, la première chose et la seconde sont les mêmes, car toute information et toute expérience de la vie à travers la transformation des actions et des pensées en fin de compte se transforment éventuellement en différents types d'énergies, qui s'accumulent dans l'âme, ce qui augmente le niveau de sa spiritualité.

Absolument tout, peu importe l'activité que mène l'homme, se transforme en énergie subtile ou physique. Le processus de la pensée, du sentiment, de l'émotion, de physique, tout cela produit et recycle de l'énergie. Certaines espèces se transforment en d'autres par le biais de toute activité humaine.

La structure subtile de l'homme est un mécanisme de transformation et d'accumulation d'énergie. Chaque enveloppe recycle et accumule sa gamme d'énergies, et d'autres énergies passent dans les structures subtiles suivantes. En d'autres termes, l'homme travaille seulement avec sa propre gamme d'énergies correspondant à son Niveau de développement, et n'a pas d'interaction avec les autres, celles-ci passent à côté.

Et ainsi, l'ensemble du développement de l'homme est réduit à l'accumulation d'énergies de l'âme à travers les mécanismes de leur traitement.

On peut ainsi dire que **c'est le développement, autrement dit, l'accumulation d'énergie par l'âme, sa croissance en énergie.**

Cela vaut non seulement pour les humains, mais aussi pour toutes les créatures. Pour cette raison, leur forme d'existence se construit par les Créateurs Suprêmes, de telle sorte qu'ils participent aux processus de la vie, ces créatures accumulent des types d'énergie, adaptés à leur Niveau de passage, soit, l'origine de la source de développement correspondante, ce qui enfin correspond à sa gamme d'énergies.

Quand l'âme passe par différentes étapes, elle accumule l'énergie des Niveaux passés. L'accumulation est effectuée par niveau croissant: en commençant par les Niveaux bas, et par conséquent, des gammes basses d'énergie, pour aboutir aux Niveaux plus élevés et aux gammes de plus haute énergie. Cette tendance se poursuit indéfiniment. Mais ces accumulations ne se font pas de manière désordonnée, pour ainsi dire, en vrac, mais sous forme de structures déterminées. Le mécanisme des structures est compris dans chaque matrice et dans chaque enveloppe subtile de l'homme ou dans d'autres formes d'existence.

Pourquoi l'image d'un bon nombre de créatures du monde subtil s'imprime par appareil photo sous forme de nuage blanc? Ce sont des fantômes, quelques types d'extraterrestres et d'autres êtres intelligents, observés sous forme de sphères. L'appareil capte les enveloppes subtiles des créatures proches de notre matière physique. Cette gamme d'énergie peut être attribuée aux plans éthéré et astral.

Ces créatures ne possèdent pas de corps matériels, grossiers, mais des enveloppes d'énergies subtiles qui peuvent être captées par notre technologie. Les appareils technologiques captent le rayonnement de ces créatures. Nous les percevons comme une lumière blanche, une énergie blanche (bien que ce soit un  large spectre d'énergie, par ailleurs, telle que la lumière blanche du soleil). Ce qui signifie que le fantôme est visible parce que les enveloppes ont accumulé une gamme d'énergies susceptible d'être captée par un appareil photo.

Beaucoup d'Anges qui descendent vers les humains et qui sont visibles des clairvoyants, sont également perçus le plus souvent sous forme de sphères blanches d'énergie, de lumière blanche sans détails. Nous citons ces exemples pour confirmer le fait que l'amélioration de l'âme est réduite à l'accumulation de divers types d'énergie, qui est susceptible d'être captée par notre équipement moderne.

Dieu est aussi de l'énergie. Mais Il se compose d'un grand nombre de gammes d'énergies, qui composent Sa grande puissance. Par conséquent, lorsque les énergies de Dieu sont plus proches de la Terre, elles réchauffent. Mais pour qu'elles ne brûlent pas complètement la Terre, il existe un certain mécanisme de répartition, qui de manière logique répartit Sa puissance entre ces plans, par lesquels elles passent.

Par conséquent, l'homme qui marche sur le chemin de Dieu, à un certain stade de développement, deviendra aussi en flamme, capable de créer ses capacités d'Esprit, des mondes, des univers, l'espace et le temps.

Ce fait est cohérent avec l'affirmation selon laquelle le développement, c'est l'accumulation d'énergie. **Plus on se développe, plus on émet de la lumière**. Cela se confirme dans le sens littéral du terme.

Mais cette évolution ne doit pas être comprise comme une accumulation systématique dans ses enveloppes de l'énergie produite. Pour l'homme, le concept d'«énergie» est lié au rayonnement insaisissable duquel il est impossible de créer quelque chose. Mais en fait, l'ÉNERGIE est le meilleur matériau de construction, le plus durable, éternel et indestructible. La qualité d'éternité n'est pas dans la matière physique, laquelle est insignifiante et peu puissante, mais seulement dans l'énergie qui construit des structures intemporelles de la création de toutes choses qui existent en elle.

Il est donc naturel que l'âme de l'homme, préparée pour l'éternité, se construit également à partir d'une matière éternelle et indestructible, qui dans ce cas est l'énergie. Cela étant, en fait, on peut dire que l'ésotérisme en l'absence d'autres termes chez les hommes, se réfère au concept d'énergie comme une matière indestructible et éternelle. Ainsi donc, la similitude suivante est appropriée. **L'énergie est une matière, et la matière, c'est de l'énergie.**

Et maintenant que nous avons compris le problème principal qui réside dans le fait que la perfection sous-entend l'accumulation d'énergie par l'âme, nous allons passer à la question quant à savoir comment l'âme la génère.

DES VIES VIDES DE SENS

Les gens autocritiques, en analysant souvent le résultat de leurs activités à la fin de leur vie, pensent avec frustration qu'ils ont vécu une vie vide de sens, si de manière ou d'une autre ils n'ont pas réussi à s'immortaliser, ce qui signifie qu'ils n'ont pas pu créer une nouvelle théorie, n'ont pas inventé la voiture, n'ont pas conçu de projet d'une nouvelle structure architecturale, n'ont écrit aucun livre, etc. Mais, on se pose la question, en est-il vraiment ainsi, et est-ce que réellement leur vie était vide de sens? Et si tel est le cas chez certains individus, alors de quelle manière?

Nous vivons tous apparemment une vie simple quotidienne et sur le plan social, avec un ensemble d'actions et d'actes spécifiques. La famille, l'éducation des enfants, les relations avec son conjoint, le travail dans le cadre d'exécution des tâches pour une organisation, les relations avec les supérieurs et les collègues de travail, ce sont là nos relations dans la vie à la maison et au travail. En temps libre, nous avons également un certain nombre limité d'actions qui caractérisent le comportement de l'homme, telles que le loisir: c'est regarder la télévision, les sorties en salles de concert, au cinéma, les exercices en salle de sport, les sorties en forêt, dans la nature, etc. Tout cela s'inscrit dans une liste limitée d'actions et de comportements humains.

Mais toutes ces actions sont planifiées par les Suprêmes, et par conséquent, elles comprennent des objectifs spécifiques des Suprêmes. Dans l'accomplissement d'une action ou d'une autre, l'homme transforme des types d'énergies (physique et subtile) en d'autres énergies, il produit de nouveaux types d'énergies, dont certaines sont consommées par son corps physique et subtil, et une partie est envoyée aux Suprêmes, une autre partie de celles-ci est impliquée dans certains processus du monde et du cosmos. Nous faisons schématiquement référence au cycle des énergies humaines dans le monde terrestre, mais si on examine dans les détails, ce sera un système assez compliqué.

Mais nous parlons maintenant d'autre chose, c'est pourquoi nous rappelons une relation simplifiée avec le monde extérieur. Il est important de comprendre que chaque individu transmet à l'environnement terrestre différents types d'énergie, programmés d'en Haut.

L'homme est un élément programmable dans le processus technologique complexe des transformations de l'énergie, qui se déroulent dans les mondes physiques et subtils. Et la notion de «processus» dit déjà que toute défaillance de ce mécanisme, toute rupture du cycle énergétique, sont susceptibles d'entraîner des effets négatifs sur la nature, c'est-à-dire, à l'issue de ce processus. En présence d'un cours normal de ce processus, on obtiendra le résultat correct, et en cas d'erreurs, nous avons un défaut. Par conséquent, toute vie humaine en même temps que le fonctionnement de son corps, sont programmés de telle sorte que dans tous les cas, même en présence de conditions minimales de ses activités, ceux-ci accomplissent leur devoir technologique envers la nature et les Suprêmes.

Mais ce côté de l'activité de l'homme lui reste invisible, inconnu et imperceptible. Son attention est attirée par d'autres domaines de sa vie et de son travail, et alors il prend en charge des exigences qui lui sont compréhensibles et claires pour les autres. L'homme recherche non le sens physique et planétaire de sa vie, mais aussi le social et le quotidien.

Mais, même cet aspect de son existence est construit par les Suprêmes de manière que, même si, à première vue, il n'accomplit pas d'exploits professionnels ou militaires, et vit une vie des plus ordinaires, **mais avec une attitude consciencieuse** à l'égard de toutes ses fonctions, il accumulera ainsi l'énergie nécessaire dans la matrice.

Par exemple, lorsqu'un individu est obligée chaque année de cultiver des pommes de terre ou de faire paître son bétail dans la prairie, alors, en cas de mauvaise attitude dans son travail, la culture de pommes de terre donnera une mauvaise récolte, et son troupeau se dispersera ou mourra de faim. L'homme sera licencié de son travail, et il n'aura finalement pas accumulé les qualités appropriées. Mais dans le cas où il travaillera consciencieusement, avec un désir réel d'apprendre **les rudiments de son activité, commenceront à se former les bases de qualités essentielles dans sa matrice.** La matrice de l'âme fera un certain nombre d'inventions utiles, ce qui signifie qu'elle va croître. Et cela signifie simplement que cet individu n'a pas vécu en vain, il a acquis quelque chose de nouveau.

L'âme n'accumule que du nouveau, le vieux étant rejeté

mécaniquement.

À l'égard des autres personnes aussi, l'individu remplit un devoir humain simple lorsqu'il accomplit bien ses fonctions. L'homme travaille dans un domaine de production, fabrique des biens matériels nécessaires à la vie des autres. Il élève et éduque ses enfants et de ce fait, il remplit son devoir de procréation de l'humanité, etc. Donc, cela veut déjà dire que l'homme n'a pas vécu en vain. Il a accompli les tâches minimales qui lui ont été assignées par les Suprêmes à ce Niveau de développement, du moment où il a exécuté consciencieusement les tâches auxquelles il s'est confronté.

Le fait même qu'il ait accumulé dans la matrice une certaine énergie, qu'il ait développé une conscience au travail, de l'honnêteté, de soin de ses proches, il indique qu'il a vécu une vie qui n'est pas vide de sens, mais une vie utile. Autrement dit, lorsqu'un individu fait quelque chose d'utile: il construit une clôture, plante des fleurs et apprend à en prendre soin, il apprend à conduire une voiture ou à coudre des vêtements, il n'a pas vécu en vain, parce qu'il aura accumulé des qualités positives de l'âme. Et ces qualités seront utiles plus tard et un jour, à la suite de plusieurs incarnations, elles lui permettront de faire une découverte, d'inventer un nouveau type de vaisseau spatial, et ainsi de suite, car c'est sur la base des qualités initiales que les caractères essentiels et les capacités extraordinaires de l'homme se construisent plus tard.

La vie sera inutile et vide de sens dans le cas où l'individu a vécu égoïstement et seulement pour lui-même, il était un parasite vivant aux dépens des autres, ou s'il était ivrogne, répandait la débauche, s'appropriait des biens d'autrui, et dépensait l'argent pour le plaisir. Un simple employé, travaillant honnêtement dans une usine, il aura une vie plus utile que, par exemple, le fils du directeur de la même usine, qui passe du temps à boire et à faire la fête. La vie de l'ouvrier ne sera pas vaine, mais celle du fils du directeur de l'usine, qui dépense l'argent des autres et ne fait rien, le sera. Une existence de parasite est toujours vide de sens.

De même, la vie de l'assassin, du scélérat, du dépravé sera vide de sens. En d'autres termes, pour toute personne qui mène un mauvais mode de vie (et ayant dans le passé moins de dix incarnations), la vie peut s'avérer être si inutile, vaine, à tel point que l'âme sera décodée par les Suprêmes, et détruite en tant que personnalité.

Il est clair que toutes les âmes décodées ont vécu une vie vaine, sans avoir acquis quelque chose qu'ils auraient pu laisser dans la vie pour une évolution future. Et l'apparition d'âmes vides dans le processus d'évolution est admise par les Suprêmes jusqu'à dix pour cent de l'ensemble des âmes destinées au plan terrestre.

Aussi, pour que l'âme humaine ne soit pas décodée, l'homme devrait non pas seulement se conformer aux lois adoptées par la société, mais aussi chercher à acquérir de nouvelles connaissances, des qualités positives de caractère, certaines capacités, maitriser l'art et toutes les autres activités; l'homme doit apprendre tout ce qui peut être appris dans ce Monde. Cet apprentissage remplit le contenu de sa vie, une raison d'exister et il sera transformé en qualités internes de l'âme.

Si sa matrice est remplie de certains types d'énergies, cela signifierait que l'individu a travaillé, a aspiré à quelque chose, ce qui signifierait vivre utilement, car le but principal de la vie, c'est le développement. Les Êtres Suprêmes apprécient l'effort déployé par l'homme et encouragent son assiduité.

Ainsi, les inquiétudes d'une personne concernant les années vécues, leur utilité ou leur inutilité, ne sont pas vaines. Il s'agit d'une sorte d'anxiété intuitive quant à savoir s'il sera décodé après la mort ou non.

Il ne convient pas de faire quelque chose de formidable et de grand pour éviter de vivre en vain, il faut tout simplement de façon honnête accomplir toutes les fonctions qui lui sont confiées par les autres ou les autres activités qu'il aurait choisies dans les circonstances de la vie.

Tout ce qui lui apprend quelque chose de nouveau et d'utile, pour lui-même et pour les autres, l'aidera à se parfaire, à acquérir des miettes de connaissances, et, par conséquent, remplira son sens d'existence dans la vie, le sens du mouvement évolutif éternel vers l'avenir, et ainsi, lui permettra de vivre une vie qui n'est pas vaine.

MOTIVATIONS POUR LE DÉVELOPPEMENT D'UNE JEUNE ÂME

Le développement ne peut se passer sans stimulation. Une jeune âme, du fait de son manque d'expérience et de compréhension de nombreux processus, ne voit pas le but ultime vers lequel le Maitre Céleste la conduit. Mais pour que l'homme remarque qu'il est sur le bon chemin, accomplit de bonnes actions, les Suprêmes ont prévu des stimulants à la perfection. Ces motivations accomplissent un certain stade du développement de la personne par un effet positif défini, lequel crée une exaltation de l'âme, de la bonne humeur. Ce sont les prix, les récompenses, les primes. Le plus important, chaque motivation doit créer un entrain émotionnel.

Le stimulant et l'encouragement devraient générer l'inspiration dans l'âme humaine et donc éveiller en lui le désir de s'améliorer encore plus dans le même sens afin de remporter de nouvelles victoires. Le prix est décerné dans le but d'encourager l'individu dans la poursuite du développement ultérieur.

Ce développement est particulièrement utile aux jeunes âmes. Bien que beaucoup d'entre elles puissent sembler grossières ou insensibles à quoi que ce soit, en réalité, les jeunes âmes sont très vulnérables, chatouilleuses et obstinées. Dans le cas où on les mènerait à suivre la voie du développement par la contrainte et le châtiment, on peut leur causer un préjudice irréparable, et ainsi provoquer une grande blessure morale, éveiller en elles une série de qualités négatives, lesquelles sont en état passif dans des circonstances favorables de la vie. Lorsque les situations changent, l'individu change également.

Dans des conditions favorables, de la vie, il ne révèle jamais complètement son état réel. Un grand nombre de mystères profonds se voilent dans la personne et restent inconnus des autres. Afin de connaitre leur existence, il suffit de placer l'individu dans des conditions opposées, dans des situations inadéquates. Les situations négatives révèlent son essence. Par conséquent, dans un but  d'éducation positive, il faut d'abord le forcer à accumuler le plus possible d'énergies positives, pour qu'enfin la partie positive de l'âme dépasse sa partie négative. Dans ce cas, des circonstances défavorables ne pourront pas réveiller pleinement en elle le côté sombre de la nature.

Un tel individu pourra commencer à se contrôler et on pourra toujours lui faire changer d'avis dans certaines opinions erronées.

Il est donc important de ne pas inculquer chez les jeunes âmes pendant longtemps le caractère négatif, et ne pas leur inspirer l'injustice, mais grâce à des motivations, leur faire accumuler de l'énergie la plus positive possible. Et cela signifie, accumuler des qualités positives.

Pour intéresser l'âme au développement positif, les Suprêmes ont besoin de disposer sur cette voie de différents facteurs de motivation. Ces stimulants peuvent être sous forme **de simples mots d'encouragement, d'approbation**, de louange. Ils comprennent, d'autre part, **des diplômes d'honneur, des médailles, des récompenses, des trophées et des prix différents, attribués aux premières, deuxièmes, troisièmes places, des récompenses matérielles, des primes.** Les travailleurs ordinaires sont divisés en catégories selon la qualification: première, deuxième, troisième catégorie. En instaurant la hausse de salaires, ces promotions sont également un objet de motivation à améliorer leur niveau professionnel.

Lors du recours à la motivation chez les jeunes âmes, les jurys et les enseignants doivent nécessairement être justes, parce que l'injustice, une évaluation incorrecte des actions de la personne éveille en lui l'instinct de protestation, et de ce fait, l'âme pourrait passer pour toujours, de la voie positive à la voie négative.

Pour des Niveaux plus élevés, les motivations comprennent toutes sortes de titres et de grades: collaborateur scientifique adjoint, maître de recherche, professeur, académicien, baccalauréat, maîtrise, doctorat. Tout un chacun aspire à ces titres et les portes avec dignité et sentiment de grande satisfaction.

Mais dans **les stimulants du développement**, en plus des facteurs bien connus, on trouve une qualité humaine, telle que **le souci, le souci à l'égard à l'homme.** Cette caractéristique est particulièrement importante chez les jeunes âmes.

Une jeune âme a besoin de plus d'attention à son égard, par rapport à une âme mûre, laquelle est capable de s'en passer. L'attention est une forme de stimulant efficace qui aide l'âme à s'affirmer dans la vie, à obtenir un bon résultat dans plusieurs domaines (amour, succès sportifs, perfectionnement professionnel) ou du succès dans un domaine particulier. Les enfants qui ont bénéficié d'une attention appropriée, se développent plus rapidement, car à travers cette attention la personne leur transmet ses connaissances et ses expériences de la vie. Et les enfants qui sont laissés à eux-mêmes par les parents et les enseignants, grandissent, tels de mauvaises herbes.

Notamment, c'est sur la base de l'attention que les chanteurs, les acteurs, les danseurs et les autres artistes se développent. En parlant, ils reçoivent la part d'attention dont leur âme a besoin, qui se transforme en une motivation d'activation de développement. Afin de renforcer cette attention, des articles sont écrits dans les journaux et les magazines, on a recours à la télévision et à la radio, on élabore des disques, et autres. Ainsi, la première étape de l'attention évolue en la seconde étape, qui est celle de la gloire.

La renommée est aussi une forme d'attention envers autrui, mais d'attention d'un niveau plus élevé. **Elle est aussi un stimulant pour le développement**. Grâce à elle, la personne arrive à surmonter de grandes difficultés, elle apprend beaucoup de choses, elle accumule un certain nombre de qualités remarquables, améliore ses capacités pour atteindre la perfection. Mais la renommée dès lors cache en soi le moment de transition du positif au négatif, à savoir, que comme les normes morales, elle cache en soi une certaine nuance de distinction des âmes. Elle contient le point précis de transition qui aide à définir l'âme comme étant de qualités positives ou négatives. Et généralement, l'individu ne remarque pas de quelle manière cette limite est dépassée, et alors soit la dégradation, soit une voie négative de développement commence.

Qu'est-ce qui contribue au côté négatif de la gloire?

C'est, certes, la vanité de l'homme, l'orgueil, car il a parfois un sentiment de supériorité sur les autres, par son unicité. Sur le chemin vers la gloire, l'homme peut prendre la voie de l'intrigue, de la destruction des adversaires ou la tentation de leur causer un préjudice. De ceux-là, on dira qu'ils cherchent par n'importe quel moyen d'atteindre la gloire. Cela signifie qu'ils ont pris la voie négative.

Afin de perdre le minimum d'âmes aux premiers stades du développement, la société devrait être aux petits soins à l'égard de chaque jeune âme, en essayant de l'orienter vers le droit chemin, de jeter les bases de leur perfection dans le sens positif. Et pour cela, il est nécessaire de leur inculquer les bases de la haute moralité, de leur apprendre à distinguer le positif du négatif, le bien du mal, le bas du haut.

L'esprit créatif contribue positivement à la perfection, si bien qu'on a besoin d'attirer l'âme par différents types de créativité, d'inventer pour les moins doués de tels types de créativité, dans lesquels ils pourraient acquérir les premières compétences créatives, sans compromettre les sentiments personnels de leur incapacité à faire quoi que ce soit. Par exemple, à cet effet, le chant choral serait la bienvenue, quand de personnes différentes, celles qui savent bien chanter, et d'autres qui veulent apprendre à chanter, mais ne disposent ni de voix ni d'ouïe, le font ensemble. Le chœur est mené par les talentueux, et ceux qui ne savent pas chanter, apprennent à le faire avec eux. La simple danse et le sport sont également très utiles pour les jeunes âmes.

Si la société néglige leur éducation, ces âmes peuvent passer au camp du Système négatif, et la faute sera imputée à la société.

Les jeunes âmes devraient obtenir au départ le sens de la voie d'amélioration positive souhaitée. Pour tout, il faudrait une approche individuelle: les plus calmes sont orientés vers une certaine voie, dans les métiers, la création plastique, les arts et l'artisanat; les actifs sont orientés vers les sports, l'armée, les équipes de secours aux autres. Il est nécessaire de faire face à leurs mauvaises habitudes et penchants, c'est là, la lutte pour chaque âme. Lorsque le combat fait défaut, l'âme revient au Système négatif.

Chaque jeune âme a besoin d'une approche individuelle.

LE SENS DE LA VIE

Toute personne pensante est préoccupée par le sens de la vie. Beaucoup se sont posé la même question: «Pourquoi dois-je vivre? Quel est le but de mon existence?». Certaines personnes commencent à y penser dès le jeune âge, lorsqu'elles sont confrontées à un choix d'options et que l'avenir est incertain. D'autres s'intéressent à cette question à l'âge mûr, ayant déjà connu une expérience de succès et de déceptions; d'autres encore ne se tournent vers cette question qu'à la fin de leur vie, en jetant un coup d'œil sur le chemin parcouru et en réfléchissant sur la justesse de ce chemin.

Les jeunes âmes ne pensent pas à cela, elles vivent simplement et essayent d'obtenir le maximum de plaisir de la vie, d'échapper à l'ennui, aux difficultés des soucis. Pour elles, le sens de la vie se résume à l'obtention de la joie, donc elles sont à la recherche de ce qui pourrait leur fournir seulement du plaisir, et donc, de la joie, du bonheur. Mais elles ne choisissent pas la façon d'y parvenir, ne pensent pas si la voie est correcte ou non, et elles utilisent souvent le moyen le plus simple, le plus facile. Pour de telles âmes, le Système négatif tend beaucoup de pièges, les obligeant à accumuler des dettes karmiques, et de plus en les faisant basculer sur le chemin de la tentation, des mauvais repères, et explicitement à des fins parfois négatives.

Mais dans ce chapitre, nous n'allons pas aborder particulièrement cette catégorie d'âmes, car le sens fondamental de leur vie, c'est juste de la joie et du plaisir qu'ils obtiennent habituellement par tous les moyens disponibles.

Il y a encore une autre catégorie d'âmes, qui ne pensent jamais à l'essence de leur existence, mais vivent simplement une vie pleine, à leur avis, avec confiance en soi, satisfaites de tout, capables d'acquérir des biens matériels et s'agripper fermement à leur position. Cela concerne probablement des âmes, ayant subi de nombreuses incarnations, et ayant compilé de l'expérience matérielle, en un mot, ce sont des âmes matérialistes; ce sont des âmes qui s'intéressent seulement au domaine terrestre et matériel, mais le domaine spirituel de leurs intérêts est limité au passé (et au présent), et lié aux sorties dans les galeries d'art et les concerts. Ils occupent de bons postes où sont des individus ordinaires de personnel qualifié, à savoir, ce sont des personnes qui ont trouvé leur place dans la vie. Et ils l'ont trouvée, du fait qu'ils ont un emploi, qui est susceptible de générer des revenus et permet d'exister dans ce monde, dans ces conditions sociales en toute sécurité.

Ceux qui sont satisfaits de leur situation matérielle ne pensent pas au sens de la vie, car leur vie aisée leur permet de vivre tranquillement, de façon stable, heureuse. Mais ce fait limite les aspirations humaines dans la connaissance de ce qui est au-delà des sens et de la visibilité. Un tel individu est sûr de lui même dans l'impression qu'il vit juste et il n'y a rien d'autre à acquérir pour justifier la justesse de leur mode de vie. Nous pouvons dire que ces gens vivent selon leur programme, conformément à l'une des variantes du chemin de développement choisi, et au lieu de chercher le sens de la vie, se fixent des objectifs précis et les atteignent, et de ce fait, s'améliorent et vont de l'avant.

On ne saurait les blâmer, parce qu'ils vivent bien, au regard de leur niveau de développement. La seule chose qui peut s'avérer être une erreur un jour, c'est de s'arrêter au résultat obtenu. Une fois que l'homme a atteint la prospérité qui a été obtenue suite à la réalisation de sa tâche, il cesse alors de lutter pour quelque chose de nouveau, considérant déjà cela suffisant. C'est le bien-être qui ne lui permet pas d'aller plus loin et, par conséquent, de se développer, parce que cet individu essaie de rester dans ce bien-être pour toujours. Il a peur de continuer et de faire un pas de côté, afin de ne pas perdre son bien, et commence à avoir peur de tout ce qui est nouveau, de tout changement, car ils peuvent le priver de ce bien-être.

Autrement dit, **lorsque la personne a atteint le bien-être, cela devient alors un frein pour leur amélioration ultérieure.**

A l'inverse, quand une personne a atteint l'objectif, mais celui-ci ne le satisfait pas à long terme, il commence à chercher autre chose. L'insatisfaction du résultat présent oblige la personne humaine à aller à la recherche d'un nouveau mouvement vers l'avant, de chercher à comprendre l'inconnu, d'aller sur cette voie malgré les risques. De ce fait, **cette caractéristique d'insatisfaction se transforme à la fin en une force motrice puissante pour le développement.**

Ainsi, pour certaines personnes, le sens de la vie est sous forme de bien-être, de calme, de mesure, d'un mode automatique de la vie où l'individu est confiant que demain sera comme aujourd'hui, et après-demain sera tel que demain, et ainsi de suite, de jour en jour jusqu'au dernier souffle.

Les jeunes âmes trouvent un sens de la vie dans la course effrénée à la recherche constante de plaisir. Mais en fait, c'est de même pour ceux qui courent après le bien-être, ainsi que d'autres tout aussi désireux de plaire de satisfaire leurs sentiments, essayant d'atteindre un état de confort, mais chacun à son Niveau. Pour un jeune individu, l'état de confort peut se résumer à l'écoute de son rock préféré avec une bouteille de bière en main, et le confort pour une personne âgée serait la présence d'un confortable appartement avec sa femme et son enfant, un délicieux dîner et une séance de télé en soirée.

La différence entre les premiers et les seconds peut, cependant, être signifiante. La jeune âme peut ne jamais évoluer constamment, et dévier vers le chemin des tentations et des plaisirs, en les plaçant au centre de sa vie. C'est le mauvais chemin à prendre. Une âme plus mature, avant d'arriver à l'acquisition des biens en tant que satisfaction de bon nombre de ses désirs et ses besoins, devra faire des études, apprendre un métier, obtenir le succès au détriment d'un certain nombre d'objectifs secondaires. En d'autres termes, avant de conquérir le bien-être, il doit passer par un chemin spécifique de développement. Et cet avantage sera en fait comme un mérite, comme une récompense pour le travail accompli d'une manière pénible.

Mais pour que ce bien-être ne soit pas transformé en frein au développement, l'individu doit habilement et à temps, passer des biens matériels à la perfection spirituelle. Après tout, il dispose déjà de la base matérielle sur laquelle il peut se permettre d'acheter des livres, apprendre l'art, maitriser des pratiques spirituelles, en un mot, dépenser de l'argent pour sa perfection spirituelle. Et si les moyens et les capacités le permettent encore, il est possible de mettre en place une école de développement spirituel et y attirer d'autres personnes. C'est déjà là un Niveau plus élevé de développement spirituel, car l'individu passe à un Niveau supérieur, pas seul, mais y mène tout un groupe d'adeptes.

Dans ce cas, il aurait habilement su, d'un sens de la vie, du bien-être matériel, passer au prochain sens de la vie, le spirituel. Ainsi, il y a une tendance du développement, il n'y a pas de pause, de stagnation. Dès lors, la condition principale de toute existence et la progression de l'âme sont réalisées.

Ainsi donc, ici nous arrivons à une compréhension essentielle dans l'existence humaine, et par conséquent, le plus important dans la compréhension du sens de la vie, et cela est à souligner en particulier:

Le sens de la vie pour chaque personne est dans son développement, la perfection de son âme.

Toutefois, par développement, il faut comprendre comme une extension de l'intelligence, la croissance de la matrice des qualités de l'âme, de la matrice des concepts, de la parole. Chaque matrice nécessite certaines actions de la part de l'homme.

À première vue, une telle notion telle que «développement de l'âme», est difficile à associer au sens de la vie. Le lecteur pensera: «Quelle rôle le sens de la vie et le développement de l'âme jouent-ils dans ce cas? Quel est le lien entre ces notions?»

Mais, essayons de les définir. Le sens de la vie dans l'imagination de l'homme, est ce qui rend la vie digne d'être vécue, et ce qui apporte à son existence, un contenu spécifique dans la compréhension de l'importance de sa présence dans ce monde. Pour un individu pensant, il est important que sa vie ne soit pas vide de sens. Voilà ce dont il a peur: de vivre pour rien.

Le sens de la vie représente un grand but qui est atteint grâce à une série d'actions consécutives, grâce à un travail de l'esprit et de l'âme. Le sens de la vie, c'est le même but, mais énorme, englobant l'ensemble de l'existence humaine à partir du moment où il commence à se fixer des objectifs à atteindre, et jusqu'à sa mort.

Le sens de la vie, c'est l'objectif, qui subordonne toutes les autres objectifs, illumine le mouvement de l'âme en lumière, inspire l'homme à agir et mène à un certain résultat final.

Physiquement, cette notion est divisée par l'homme en quelques aspirations au cours de la vie. Dans sa jeunesse, il a un but déterminé, par conséquent, le sens de la vie sera par exemple, devenir un artiste célèbre. Des années plus tard, il aura un autre objectif (il est déjà bien connu et maintenant il veut acquérir des biens matériels), il souhaite avoir une maison à deux étages, du mobilier italien de luxe, la dernière marque de voiture, chaque été il voudra passer des vacances aux îles Canaries.

Mais il peut arriver que dans sa vieillesse, il va tout perdre, après quoi il en arriva à la conclusion que tout cela est insignifiant, et donc il commence à rechercher un nouveau sens de la vie, c'est-à-dire ce qu'il faut pour continuer à vivre. Il se consacre à Dieu et commence à écrire de la poésie. Le sens de la vie devient le service au Créateur ou la publication d'un recueil de poèmes.

Et au seuil de la mort, quand il y pense, et se demande quel était le véritable sens de sa vie, tout d'abord, il voit que ce sens est en constante évolution, et il ne pouvait pas déterminer ce qui était pour lui le plus important. En tant qu'acteur, il a été vite oublié, sa richesse il l'a totalement perdue, et seul son recueil de poèmes ne l'immortalisera pas après la mort..

Une telle constatation des faits le conduit à une profonde déception. Tout sens de la vie est temporaire et donc n'est pas en mesure de satisfaire son esprit. Cependant, l'homme en analysant sa vie, oublie les principaux critères de l'existence, qui est le développement. Tous les objectifs temporaires ne servent qu'à la progression de l'âme à certaines étapes de la vie. Grâce à ceux-ci, il est constamment en mouvement vers l'avant, a accompli certaines tâches, a appris certaines choses.

Peut-être, à première vue, sa vie semble vide de sens, parce qu'il n'a pas commis des actes immémoriaux, il n'a fait aucune découverte, et il n'a pas de grands succès, cependant, s'il supprime les grandes valeurs comparatives et qu'il analyse sa vie en détail, on peut constater le sens caché de son existence.

Ce sens secret réside dans son développement. Il a été envoyé sur Terre à ce moment pour acquérir certaines compétences de l'existence humaine, pour apprendre quelque chose de particulier, pour acquérir des propriétés différentes, de sorte qu'un jour il puisse se transformer en un être éternel, en Personnalité Suprême, capable de construire les mondes de Dieu.

Même les capacités mineures peuvent se transformer un jour en de compétences de superpersonnalité. Ainsi, en analysant sa vie, l'homme se souviendra que, avant l'école, il a appris à manier des mottes de terre avec du sable, et cela représente la première étape de maitrise des formes matérielles, une maitrise du volume. De même, le jeu de football est le développement des mouvements, leur orientation vers un but précis. Puis, il a fait ses études à l'école et il a beaucoup appris. Son âme a accumulé au cours de cette période un certain bagage de connaissances. Et s'il n'avait pas été à l'école, son âme allait demeurer, vide ou remplie à peine, et il aurait dû alors étendre sa propre voie de développement sur Terre pour remplir les cellules de la matrice à un Niveau qu'aurait donné les études à l'école.

Souvent, sans se rendre compte lui-même, l'homme apprend beaucoup, maitrise beaucoup de choses, et sa matrice se remplit d'une certaine quantité de connaissances appropriées au Niveau du développement.

Par exemple, s'il a maîtrisé au cours de la vie un certain nombre de professions, donc, il est bien instruit. Et si en plus de cela, il a appris à tenir un pinceau en main et peindre des tableaux simples, s'il a eu des connaissances techniques, c'est également une certaine base de connaissances. Et il ne faut pas oublier que la vie de famille apprend beaucoup de choses à l'homme s'il en a une. Elle nous apprend à aimer, à prendre soin des autres, elle apprend le sens de la responsabilité, le devoir et la capacité de diriger, de répartir des fonds et plus encore. Tout cela enrichit la vie de l'homme, par la connaissance de l'existence moderne, cela lui apprend à communiquer avec des personnes de différents groupes d'âge. Par conséquent, le sens de la vie d'une telle âme sera le développement de la maitrise des situations ordinaires de la vie humaine.

Il est trop tôt pour qu'une jeune âme pense à des découvertes à l'échelle mondiale, parce que, pour cela, il faudrait d'abord remplir la matrice de certaines connaissances. Sans des réserves intérieures préliminaires, on ne fait pas de découvertes, d'inventions, on ne crée pas de chef-d'œuvre, on n'acquiert pas de biens matériels et de valeurs spirituelles. Ainsi donc, pour la majorité des jeunes âmes, le sens de la vie est de connaître les bases des relations humaines, de l'enseignement de base, et tout simplement de la connaissance de la vie moderne, du bien et du mal, et de leurs différences.

Cependant, certains d'entre eux peuvent avoir des missions d'exploits dans le domaine militaire. Une mission chez les individus négatifs comprend souvent une corruption des jeunes âmes. Nous ne devons pas oublier que les missions peuvent être positives ou négatives, et le sens de la vie sera par conséquent, l'un ou l'autre. Imaginez qu'un certain individu travaillant dans le Système négatif, peut avoir dans sa vie un sens négatif de la vie qui comprend des liens avec des difficultés dans l'activité et le destin de personnes positives.

Mais revenons aux âmes positives. Dans les premiers stades de développement, leur sens fondamental de la vie est basé sur la connaissance de tout ce que l'âme est en mesure de comprendre et de maîtriser au moment donné. Pour de telles âmes, il est trop tôt pour parler de grands objectifs et missions. Avant de les obtenir dans des incarnations suivantes, elles doivent acquérir une certaine base de connaissances, et ainsi remplir la matrice d'énergies nécessaires. Mais elles sont préparées pour ces futures missions dans les premières étapes du développement. Toutefois, ce n'est pas toutes les âmes dans l'ensemble qui s'avèrent laborieuses et utiles, beaucoup d'entre elles prendront le chemin de la tentation, d'autres s'adonneront à la paresse, ce qui retardera leur développement au fil du temps, d'autres s'orienteront vers la dégradation.

Mais ceux qui resteront encore sur la voie du sens positif, mèneront nécessairement dans des incarnations futures un certain nombre de missions qui sont utiles aux individus qu'ils incarnent à un moment donné. Après tout, l'homme doit apprendre à diriger raisonnablement d'autres personnes, des usines, des entreprises, dans la compréhension de leurs liens et des besoins techniques, économiques et des besoins, et perspectives et ainsi de suite, afin que la production et l'équipe de travail prospère, et ne soient pas conduites comme des chevaux aux courses, et qu'elles ne se transforment pas en groupe de laquelle on suce toute la sève, puis qu'on jette dans les ordures.

C'est précisément une attitude parasitaire à l'égard des hommes et de la production, à la Terre et à ses ressources, propre aux représentants du Système négatif et à ceux qui ne comprennent pas ce qu'ils font. Certains individus positifs en raison de leur manque de compréhension d'un certain nombre de processus, les imitent dans ce genre d'activité et accumulent ainsi des conséquences karmiques. Les individus négatifs avancent de faux repères, objectifs et moyens malhonnêtes d'atteindre leurs objectifs, et l'individu positif peu instruit et peu pensant, les prenant comme exemples à suivre, en fin de compte sombrent dans la confusion de la vie.

Les âmes de niveau moyennement développées ont plus de missions. Autrement dit, si pour les individus des bas Niveaux, le sens fondamental de la vie se résume aux études, à la maitrise des plans de l'existence humaine, pour ceux de Niveau moyen, une variété de missions existe. Ils ont des tâches diverses, c'est de travailler pour d'autres personnes, de les regrouper à certaines fins. Le concept de «mission» est étroitement lié à la notion de «sens de la vie», de sorte que nous les mettrons côte à côte.

L'homme est habitué à conférer au mot «mission», une notion de quelque chose d'énorme, d'important, de nécessaire à toute l'humanité. Et cette compréhension, il l'a prise de la mission du Christ. Le Christ était le missionnaire qui a sauvé toute l'humanité. Sa mission était vraiment gigantesque. Mais beaucoup de gens, plus précisément à peu près 60 pour cent de la population, ont aussi leur mission, seulement à une plus petite échelle. Cependant, en dépit du fait que ces missions semblent être petites et d'ordre privé, elles jouent un rôle énorme dans l'ensemble de l'humanité et dans les projets de Dieu.

Prenons l'exemple d'une ville. On y trouve des dirigeants des industries, des écoles, des enseignants, des représentants de l'administration municipale, de la culture et du commerce. Tous ensemble, ils organisent la vie de la population de la ville, ils lui fournissent des emplois, ce qui signifie, des moyens de subsistance;

éduquent la jeune génération. Et les travailleurs commerciaux se chargent de l'approvisionnement en nourriture à la population, des vêtements, des articles ménagers, etc., offrant des conditions de vie normales, des articles de confort pour l'éducation, des manuels scolaires, des instruments de musique et des notes, des pinceaux et des peintures. Alors, est-il possible de dire qu'ils vivent une vie inutile?

Ils sont au service de leur peuple. Bien sûr, cette mission peut sembler ennuyeuse, sans intérêt, mais elle est nécessaire. Toutes les missions ne sont pas romantiques, mais elles sont toujours utiles.

Peut-on également se poser la question sur la façon dont les gens accomplissent honnêtement et correctement leurs tâches? Lorsqu'elles sont correctement et honnêtement accomplies, leur âme acquiert certaines qualités, et si leur but est de ne pas servir le peuple, et seulement de se remplir les poches, la personne obtient un sens négatif de développement ou accumule du karma.

Tout peut avoir un sens de la vie, si on est orienté vers l'amélioration de l'âme humaine.

Une femme nous a posé la question:

- À quelle fin j'ai obtenu un mari ivrogne? Je me bats toute ma vie avec lui, mais je ne peux pas le rééduquer. Mais il est dommage de le chasser de la maison.

Alors, quel est le sens de la vie de cette femme et si ce sens existe réellement? Oui, elle a un sens de la vie et une mission. Et celles-ci existent chez toutes les femmes qui se retrouvent dans une situation similaire. Leur mission est de protéger cette âme jeune et de ne pas lui permettre d'être décodée complètement ou de passer du côté du Système négatif.

Imaginons ce qui arriverait si cette femme avait rejeté son mari. Il est clair que cet homme n'a pas toujours été ivrogne. Cette femme s'est mariée à un jeune homme normal, et pendant un certain temps il était normal. Puis, au cours de certaines circonstances, il n'a pas pu supporter les épreuves et a sombré dans le vin. Il avait dans son programme quelques options prévues: choisir la voie de l'ivresse ou celle de la sobriété, mais il a choisi la voie de la dégradation. Et sa femme a été incapable d'influencer son choix, bien que ceux qui lui ont donné un tel mari sans fiabilité, étaient dans l'espoir qu'elle sera à la hauteur de la tâche. Peut-être qu'elle n'a pas utilisé tous les moyens qui auraient pu amener son mari à résister à la tentation, et peut-être que son mari ne pouvait pas se remettre sur le droit chemin, afin de se corriger, et la raison se trouve dans sa faible volonté.

Mais puisque cela s'est déjà passé, la tâche suivante pour cette femme est de maintenir son mari à un certain Niveau, afin qu'il ne sombre pas encore plus. Si elle le chassait, il deviendrait un sans-abri. Après cela, personne ne pourrait l'interdire de boire, et il va descendre au dernier stade de sa chute. Dans sa vie, il n'y aura plus les moments pendant lesquels il était en état normal. Une telle âme est souvent perdue pour toujours aux yeux de Dieu, et elle est décodée.

Mais si cette femme pouvait le tolérer dans la famille, elle l'aiderait à sauver sa forme d'humain, une certaine qualité, et donc, elle sauverait l'âme pour Dieu, pour le Système positif. Et elle aurait gagné ainsi, grâce à sa patience et dans la prochaine vie, elle aura un bon mari, et du bien-être matériel sous forme d'encouragement pour le travail fait dans le passé. Les bons maris et les bonnes femmes, aussi, ne se rencontrent pas au hasard. Il faut les mériter par son travail dans une vie antérieure ou par son propre travail de développement.

Dans beaucoup de familles, souvent l'un des conjoints est un enseignant et l'autre est sujet aux tentations, c'est lui l'élève. Et le sens de la vie pour un éducateur est de travailler en permanence sur la conscience troublée de son époux, travail qui se manifeste dans les réprimandes constantes, des discussions sur ce qui se passe, etc. Chaque conjoint (ou conjointe) a ses propres méthodes d'influence et d'éducation.

Ainsi, le sens de la vie de l'individu est parfois de veiller sur une autre personne pour qu'elle ne se perde pas totalement. Peut-être que ce sens de la vie peut sembler insignifiant, mais ce n'est pas le cas. C'est une grande tâche établie par les Suprêmes pour le second époux, pour protéger l'âme de l'autre du décodage, de la destruction et de le faire revenir à Dieu. Après tout, il dépense pour ce développement de chaque âme beaucoup de moyens et de temps. De ce fait, ce sens de la vie est de la plus grande importance pour les Suprêmes. Ce n'est pas seulement le salut pour un homme, mais le salut de l'âme dans son développement évolutif.

Beaucoup de gens disent:

- Je sens qu'il m'a été assigné une certaine mission sur la Terre, mais je ne comprends pas, de laquelle il s'agit exactement?

Et leur pressentiment ne les trompe pas. Ces individus ont en effet une mission à accomplir. La seule chose pour laquelle ils peuvent se tromper, c'est qu'ils attendent une mission à l'échelle mondiale, mais elle peut être minime, d'ordre privé. Mais, petit et drôle (par exemple, la mission consiste en l'éducation d'un ivrogne), cela ne peut paraître qu'aux yeux des gens. Mais pour les Suprêmes, toute mission a une signification cosmique, et elle est tout aussi essentielle à Dieu comme la grande mission du Christ. Après tout, dans les petites et les grandes missions, il s'agit du salut de l'âme humaine, qui est la plus grande valeur du Créateur.

Une mission, c'est aussi un sens de la vie, ce à quoi la personne consacre toute sa vie, raison pour laquelle il a été envoyé sur Terre. Ainsi, le sens de la vie peut être de types très différents. Chaque meneur de groupe de personnes (artistes, directeurs,  chefs d'équipe, et chefs d'armée), et chaque employé, ont leur but, correspondant à leur niveau de développement.

Prenons le cas d'un travailleur ordinaire, qui a travaillé toute sa vie à l'usine. N'a-t-il pas de but? Il a été envoyé sur Terre non seulement pour apprendre pour lui-même, mais aussi dans le but de créer de la richesse pour les autres. Que deviendrait l'usine sans travailleurs, sans professionnels? Ce serait simplement un espace vide et sans vie. Pour que l'usine fonctionne correctement, il faut un certain nombre de spécialistes dans différents domaines. Et donc, si dans une ville, les Suprêmes prévoient la construction une usine pour la production de certains produits, ils tâchent de trouver le nombre d'âmes approprié qui correspondraient au Niveau selon lequel elles devraient y travailler.

Dans le programme, il leur sera attribué cette activité: les uns de manière sélective (ils peuvent choisir de vouloir y travailler ou aller ailleurs dans une autre usine), mais d'autres de manière irrévocable, sans ce choix. Pour ces derniers, comme on dit, il est écrit dans leur Destin, travailler à cette usine jusqu'à la fin de la vie. Et dans ce cas, ce sera le sens de leur vie. Grâce à eux, l'usine continuera son existence pendant une longue période. Et est-il possible de dire qu'ils ont une petite mission, un sens insignifiant de la vie? Non. Ils apportent une contribution extrêmement utile à d'autres personnes, et donc le sens de leur vie, c'est de travailler consciencieusement et de plaire aux autres en leur offrant des produits.

Alors, le sens de la vie apparemment petit d'un travailleur, apprendre à fabriquer certaines pièces et assurer leur production, se transforme finalement en une tâche importante, dont la bonne marche contribue au fonctionnement normal de l'usine entière, et approvisionne en outre la population de produits nécessaires.

Sans ouvriers consciencieux, la civilisation n'aurait pas bénéficié des biens, ni des progrès technologiques, parce qu'il ne suffit pas de capter les idées des Suprêmes, pour la création, par exemple, d'un vaisseau spatial, il faudra de plus, être en mesure de le réaliser dans la vie réelle et en détail. Et pour cela on aura besoin de plus de mille ouvriers et spécialistes de catégories différentes pour construire un vaisseau et le lancer dans l'espace. Et à cet effet, ils seront envoyés à cet endroit de la Terre et se répartiront dans le temps afin de le construire, le lancer et le contrôler, comme l'exige la pratique de l'existence de ce vaisseau. Et tout un chacun dans cet effort commun aura sa propre mission individuelle, une des composantes de la mission globale, pour lancer le vaisseau spatial dans l'espace.

Pour beaucoup de gens, le sens de la vie semble être discret et pas visible, mais il est utile aux autres. Le sens de la vie du boulanger, c'est cuire du pain, la couturière, coudre des vêtements, le pharmacien, prescrire des médicaments aux patients. Une fois qu'ils ont choisi cette profession, celles-ci (les professions) ont été inscrites dans le programme de leur vie, et les données individuelles ont suivi entièrement ce programme. Personne ne peut souhaiter obtenir ce qui n'est pas inclus dans son programme de réalisation. Pouchkine, par exemple, ne voulait pas faire de la musique, et Mozart, peindre des tableaux, parce que cela ne figurait pas dans leurs programmes comme objectif à atteindre. Chacun d'entre eux avaient leur propre sens de la vie, programmé d'en Haut, et ils n'ont fait que le suivre. Mais, nous le répétons, pour de telles missions qu'ils ont menées, il faut précédemment beaucoup apprendre.

Pour devenir un génie, vous devriez à travers plusieurs incarnations apprendre consciencieusement quelque chose de particulier.

Par conséquent, le sens de la vie pour beaucoup d'âmes simples est l'apprentissage, pour arriver à la compréhension des théories et des pratiques, au perfectionnement jusqu'à la perfection de leurs qualités mentales et d'autres. Tout cela permettra à l'individu d'être nécessaire et utile aux autres, et à chaque fois, de remplir sa mission dans son intégralité.

Les grands objectifs se dressent devant l'homme, il doit élever des enfants pour le remplacer, faire quelque chose pour la famille, pour d'autres personnes, en travaillant à l'usine ou dans un lieu public et, par conséquent, au service de la personne et de la société. Il doit reproduire de l'énergie pour soi-même, pour les Suprêmes, pour la Terre, et participer au cycle de l'énergie dans le Système solaire. Même sans le savoir, il est impliqué dans les processus du Cosmos, et ainsi sa vie ne peut pas être vide de sens, s'il vit simplement une vie honnête et modeste. Une autre chose, s'il trempe dans la dégradation et va à l'encontre des lois de la société humaine. Dans ce cas, il commence à briser le circuit qui lui est assigné comme responsabilités cosmiques et humaines, et devient une mauvaise herbe qui sera arrachée à jamais du circuit de la vie.

Parfois, l'âme est envoyée sur Terre avec un seul but, pour aider un seul homme à sortir de l'impasse, et puis après quitter ce monde. Son sens de la vie était d'aider un autre. Donc, rien ne sert de trop souffrir à la recherche du sens particulier de la vie, mais vous avez juste à avoir une attitude de conscience dans toute entreprise qui vous est confiée. Il faut apprendre tout ce que vous êtes en mesure de comprendre, car la base principale de la vie de toute personne, du concierge au président, se trouve dans son propre développement, grâce à un service à son peuple. Et le résultat de l'amélioration de l'Univers, de Dieu, de la Création se réalise dans ce développement. **Les grandes se développent à travers de petites choses.**

La vie ne se vit pas en vain si les gens apprenaient quelque chose pour soi-même, et s'ils faisaient quelque chose d'utile pour les autres.

L'INFLUENCE DE L'APPARENCE DE L'HOMME SUR SON DÉVELOPPEMENT

L'apparence ne se donne pas à un individu au hasard, et pas celle qui provient des traits héréditaires des parents, mais pour des objectifs précis et spécifiques d'éducation. Tout doit servir la cause du développement de l'âme, y compris l'apparence.

Dans la volonté d'accélérer ce processus, les Suprêmes prennent en compte les moindres détails dans l'éducation de l'homme, mais à cause de son ignorance et le manque de compréhension de nombreux aspects du développement, ne réagit pas toujours comme il faut dans les aspects éducatifs de sa vie. Par conséquent, il ne sait même pas l'importance de la valeur éducative considérable de sa propre apparence pour son âme. L'individu la considère comme un moyen de plaire à quelqu'un d'autre ou d'être agréable aux yeux des autres, de ne pas faire fuir les autres par son apparence. Mais l'apparence renferme en elle beaucoup plus qu'il ne l'imagine. L'apparence est utilisée par les Suprêmes à des fins différentes d'éducation de l'âme humaine.

En apparence, les gens sont divisés en beaux et laids. Ces derniers comprennent les gens d'apparence moyenne, laide, répulsive.

La belle apparence a 4 aspects d'éducation.

Aux uns elle est donnée **à titre incitatif**, aux seconds comme **motivation**, aux troisièmes, aux âmes peu sûres de soi, comme **épreuve**, aux quatrièmes, comme modèles **de perfection.**

Entre le développement de l'âme et l'apparence extérieure, il y a une certaine logique, dépendance: plus le Niveau est élevé, et plus l'âme est plus parfaite, et plus belle ou plus agréable est l'apparence extérieure. Cette tendance est particulièrement évidente dans les mondes subtils élevés. Par conséquent, les Suprêmes, sont, dans le plan subtil, tous très beaux.

Même les Êtres du Système négatif qui ont atteint des Niveaux élevés de développement, sont aussi très beaux. Ils impressionnent par leur beauté particulière froide. Dans le même temps, l'Être des mondes inférieurs du même Système négatif sont horribles et répulsifs, dégoûtants et peuvent provoquer la peur et le dégoût aux gens normaux.

La beauté a tendance à progresser en même temps que les âmes, en se perfectionnant selon les Niveau de la matière et des énergies, car la perfection est inhérente à l'harmonie, et elle-même est la construction spéciale de l'énergie et de tout ce qui est construit sur cette base. Cette harmonie est inhérente à la fois au sens positif du développement, et au négatif (de haut Niveau).

1. La beauté comme motivation

S'il ne s'agit que de l'homme, alors beaucoup d'âmes possèdent une beauté afin de maintenir leur esprit intérieur, comme une incitation pour le progrès de l'âme. Aux jours difficiles plein de solitude et d'échecs, la belle apparence donne une confiance en soi à la personne, donne la force intérieure, l'aide à ne pas succomber et marcher avec une démarche ferme à travers les épreuves difficiles et les problèmes de la vie. Il suffit à l'individu de se regarder dans le miroir, et suite à un coup dur du Destin, reprend des forces et le désir de se battre et de continuer à avancer dans la vie.

En revanche, le laid, par exemple, en se regardant dans le miroir, voit un visage désagréable à lui-même, et son humeur est à l'eau. Il est malheureux, insatisfait de la vie, le monde est dégoûtant pour lui, il ne veut rien: il ne veut rien apprendre, ni se battre pour lui-même. Il perd intérêt à la vie. Mais les Maîtres Suprêmes nous rappellent:

- Aimez-vous vous-même. Les autres peuvent ne pas vous aimer, mais vous devez aimer. L'amour vous permet d'avoir un regard plus optimiste sur soi, donne de la force et aide à lutter contre les adversités. C'est votre noyau interne à certains stades de développement.

2. La beauté comme encouragement

La beauté est donnée à titre d'encouragement. Si une personne dans le passé s'est comportée avec dignité, ou a posé un acte noble et moral, elle peut être encouragée par une belle apparence dans la vie suivante.

La beauté comme motivation est attribuée aux âmes qui avaient mené dans le passé une vie juste, et qui avaient accumulé beaucoup de qualités spirituelles excellentes. Elles ressentent elles-mêmes subtilement la beauté, et donc être très laid pour eux est déjà une punition. Par ailleurs, la construction interne d'une âme harmonieuse a elle-même besoin d'une forme extérieure harmonieuse appropriée.

L'homme est toujours ravi de se sentir au top, voir sa supériorité extérieure. (L'harmonie intérieure dans ce cas ne peut pas encore être suffisamment développée, mais l'extérieur aide à développer l'intérieur, ce qui porte à la perfection).

3. La beauté comme épreuve

À certaines âmes, la beauté est donnée comme épreuve de leurs qualités morales.

Par exemple, dans des incarnations passées, les âmes de certaines personnes avaient des formes laides, autrement dit, elles étaient effroyables, peu attrayantes, et donc le sexe opposé ne prêtait attention au visage de cette fille (ou vice versa, de ce garçon). Cela donne à penser que ces âmes n'avaient pas de tentations particulières. Dans de telles circonstances, les gens se comportent d'une certaine manière, la plupart du temps de façon équilibrée. Et seulement les situations permettent d'identifier en l'homme des défauts humains dans certaines capacités.

Par conséquent, pour tester une telle âme il lui est donné dans sa prochaine vie une belle forme extérieure pour observer comment elle se comporte, et quel chemin sera l'objet de son choix.

Devenant belle et commençant à faire l'objet de plus d'attention de la part du sexe opposé, une telle âme peut sombrer dans la dépravation, dans le changement fréquent de partenaires sous prétexte qu'une fois quelqu'un n'a pas voulu lui obéir, supporter ses caprices, ses lubies, il peut s'en aller, et elle en trouvera toujours un autre. Et ainsi, une personne laide par tous les moyens s'agrippe à son partenaire (car, du fait de son apparence, il lui est difficile de trouver quelqu'un qui l'aurait aimée), mais l'individu de belle apparence ne le fera pas, parce qu'il est convaincu que grâce à la beauté personnelle, il trouvera en lieu et place un millier d'autres.

Ce comportement indique que l'âme n'a pas résisté à l'épreuve de la beauté, et elle sera soumise maintenant à un programme qui va essayer d'éliminer toutes les lacunes dans son caractère, des vues sur les relations entre les hommes et les femmes, ainsi qu'avec elle-même. Les Suprêmes voient parfaitement comment l'âme s'est comportée dans l'incarnation passée, en état de laideur, et comment elle se comporte dans la vie actuelle, en état de beauté. Où se sont envolées la modestie et la dévotion du passé? D'où apparaissent le fanfaron, l'orgueil, l'arrogance? Tout cela peut apparaitre en l'homme en même temps que la beauté. La comparaison du passé et du présent permettent de révéler tous les défauts résultant de la nature humaine, afin d'apporter des corrections à travers le mécanisme du karma.

Mais ce n'est pas toutes les âmes qui sont testées par la beauté, car cette expérience crée souvent plus de négatif que de positif, et donc les Suprêmes, comme on dit, ne soumettent pas l'homme à la tentation pour rien, afin de ne pas passer du temps pour la correction de son caractère à l'avenir. Le plus souvent, certaines âmes par la beauté développent de l'égoïsme, de l'orgueil, de l'amour-propre, l'homme commence à gonfler de manière déraisonnable tous les indicateurs. Et seules quelques personnes évaluent correctement leurs données externes, réalisant que tout cela est temporaire et que seules les qualités spirituelles restent éternelles. Et pour cela, en prêtant l'attention nécessaire à la maintenance de leur propre beauté, l'accent est mis sur le développement des qualités intérieures, qui représentent l'amélioration de l'âme. Elles utilisent à l'occasion la beauté extérieure dans un but de progression interne de qualités positives.

Avec cette approche à ses données externes, l'homme se développe harmonieusement, en citant Chekhov, en lui tout devient parfait: «... l'âme, le corps et l'esprit». Cela représente une utilisation rationnelle de leurs données externes pour le développement et l'extension des capacités internes.

Mais quand la beauté commence à faire l'objet de spéculation ou de commerce, que ce soit la prostitution, le striptease, les séances de photos à nu pour des magazines, des exhibitions au salon moyennant rémunération de son corps en parures, c'est déjà là une perte des bases morales de l'âme (si, bien sûr, elle existaient auparavant) ou cela constitue peut-être une déviation de l'âme sur le chemin de la dégradation (si elle n'a pas encore de principes moraux).

Ainsi, l'homme peut utiliser sa beauté pour le bien ou le mal à lui-même et aux autres (du mal aux autres quand elle est utilisée pour séduire et corrompre); tantôt pour le progrès, tantôt pour la régression, tout dépend du choix fait. Mais lorsqu'on ne prend pas le bon chemin: de la dégradation ou de la voie négative, les âmes doivent être corrigées au moyen de certaines épreuves et de difficultés dans la vie, et de même, par la suite par l'épreuve karmique.

4. La beauté comme modèle de perfection

La beauté comme modèle de perfection est donnée habituellement aux âmes développées et hautement morales. Cela concerne peut-être les beaux scientifiques, designers, architectes, artistes, médecins, politiciens, etc. Ils ont atteint un niveau élevé de professionnalisme, leur comportement diffère par la retenue, la diplomatie, au premier plan ils ont la famille et le travail. Ils ne se soumettent jamais aux tendances de la mode provocatrice dans le port des vêtements, ils sont modestes dans les relations entre l'homme et la femme, et tout le reste. Généralement, leur haute moralité qui a été accumulée dans des vies passées, et le sens du but dans leur travail ne leur laissent pas une chance de se tromper. La morale leur permet de ressentir les déviations subtiles des normes les plus élevées dans tous les domaines de la vie. La présence d'une qualité parfaite dans leurs âmes leur permet toujours et partout de se tenir dans la voie idéale, d'éviter tous les extrêmes, et donc ils respirent l'Esprit fort et calme.

De telles personnes sont des exemples de perfection à suivre pour d'autres, et à imiter pour les faibles et moyens Niveaux. Chaque petite âme pauvre doit voir ce qui peut être beau, intelligent, décent et modeste, car l'essence de la vie n'est pas d'être célèbre et reconnu de tous, mais avoir une attitude de conscience dans le cadre de son travail, de sa famille, et à l'égard de toutes les personnes avec lesquelles on communique. Mais ces échantillons humains, en raison de leurs Niveaux élevés ne sont pas remarqués par beaucoup d'individus de bas Niveau, donc pour ces derniers des échantillons sont envoyés des Niveaux de perfection inférieures sous forme de joueurs de football, de pilotes automobiles, d'artistes, d'athlètes, et ainsi de suite. Mais dans tous les cas, toutes les célébrités sont aussi des exemples à suivre pour les autres. Et nous savons que l'imitation est une forme de développement pour les personnes faibles.

Nous passons maintenant à la catégorie de personnes laides.

Les **gens aux apparences moyennes** ne sont pas de grandes beautés, et forment la majorité dans la société humaine. Ils n'ont rien dans leur apparence, qui leur permettrait de se démarquer de la même apparence standard et d'individus sans intérêt particulier. Ils ne sont pas adeptes de la beauté, et elle n'est pas pour eux de première priorité. Ils ont une catégorie à part de valeurs par lesquelles ils apprécient les autres, et donc eux-mêmes.

Pour certains d'entre eux, chez une personne la plus importante des valeurs est la compétence en affaires, pour d'autres, c'est le caractère gai, pour les troisièmes, c'est la bonté, la générosité, pour les quatrièmes, l'esprit et le sens des affaires, etc. Les caractéristiques par lesquels une personne moyenne peut apprécier les autres, sont innombrables. En fait, cette personne moyenne apprend à évaluer l'autre selon les différentes qualités acquises par cette âme, en d'autres termes, il apprécie son développement et se concentre sur les résultats qui sont obtenus et a pour repère ceux acquis par son âme. Et c'est bien ainsi.

De telles personnes qui possèdent une apparence moyenne, sans y attacher beaucoup d'importance pour soi, de même ne prêtent pas attention à l'apparence de l'entourage. Ils apprennent à les respecter pour une autre caractéristique, à savoir, pour la qualité interne. Ce fait est positif pour eux-mêmes, dans le sens où généralement tout ce que les gens apprécient dans d'autres, est un point de référence pour leur propre développement, et à quoi ceux-ci aspirent.

Cependant, alors que la beauté n'est pas pour eux l'objet d'une attention et de culte, certains d'entre eux sont capables de transformer leur apparence grisâtre et peu attrayante en quelque chose de solide, respectable, impressionnant, uniquement sur la base de leurs qualités morales. Les personnes laides, dans leur vie personnelle et les succès qui y sont liés, prouvent qu'il n'est pas nécessaire d'être beau pour qu'on prête attention à leur personne, il suffit de faire ressortir certaines qualités intérieures, telles que l'intelligence, la prudence, la gentillesse, l'honnêteté, ainsi devenir un individu charmant, à qui tout le monde aimerait parler. C'est déjà une attitude complètement différente envers sa propre apparence et celle des autres, et cela représente un autre point de vue sur l'apparence de l'homme.

Ces individus n'ont pas besoin de se servir de leur beauté pour s'affirmer dans la vie, et donc elle ne leur est pas donnée. La plus importante chose de leur vie, c'est autre chose. Il arrive que certaines personnes aient beaucoup à faire pour percevoir la notion de beauté, mais cela leur sera donné dans leur choix futur.

Les individus laids

Le plus souvent, ce sont de jeunes âmes qui sont venues du monde animal, ou de mondes parallèles. Elles peuvent ressembler à des formes desquelles elles proviennent, car leur mémoire continue à maintenir ces formes extérieures auxquelles elles sont habituées au cours de la dernière incarnation, et leur esprit apportera des ajustements pendant un certain temps (jusqu'à trois ou cinq réincarnations), afin de passer de l'ancienne à la nouvelle forme. Par conséquent, nous voyons qu'un certain individu (une jeune âme) ressemble à un cheval, l'autre à un chien, et le troisième à un taureau, le quatrième à un ours.

Leur âme n'a pas encore de connaissance sur la beauté et l'harmonie, et ils n'en ont pas besoin, de plus, leur faible énergie ne leur permet pas de former une apparence distincte, car la nouvelle forme de la mémoire du passé tente constamment de revenir à l'ancienne. Pour cette raison, nous voyons parfois des traits de visage grossiers, angulaires, une face disproportionnée, à tel point qu'on pourrait discerner immédiatement l'âme de l'ancien animal.

Une lutte constante entre l'harmonie et la disharmonie, entre la forme précédente et la forme actuelle est menée au sein de leur apparence.

Dans la catégorie des personnes moyennes et laides, s'incarnent aussi souvent des âmes qui ont besoin de développer une qualité d'indépendance par rapport à leurs données externes, de les concentrer sur leur monde intérieur

L'âme doit se rendre compte que, indépendamment des données externes, elle doit être très performante et capable d'obtenir des résultats parfaits dans les tâches qui leur sont assignées, en se fondant non pas sur leur apparence charmante, mais sur leurs propres forces morales. Par conséquent, ces âmes, en passant par une série d'incarnations, arrivent au modèle parfait.

Et enfin, **l'apparence laide.**

Ce sont fondamentalement des âmes karmiques. Certaines âmes s'incarnent dans une telle apparence, à la suite d'un grand nombre de défauts, de cruauté, de méchanceté, et peuvent être décodées. D'autres ne sont pas décodées, et, tourmentées dans cette forme inconvenante, remboursent des dettes d'énergie, puis de nouveau reviennent au stade de développement. Par la voie de la souffrance, l'âme suit une rééducation et produit certains types d'énergie pour compenser les carences de l'énergie de la vie humaine. Après avoir été dans un corps laid ou défectueux, l'âme est domptée, elle peut faire disparaître son caractère amoral, et beaucoup d'autres qualités basses.

Mais il arrive que le contraire se produise, l'homme dans un corps laid peut devenir plus coléreux contre la vie, il commencera à haïr tous les autres autour de lui, il sera en ébullition constante de colère, et dans son âme continueront à s'accumuler des qualités négatives: l'esprit de vengeance, la haine, l'agression, et par conséquent, une telle âme passera finalement au Système négatif du développement. Autrement dit, l'âme n'a pas pu supporter l'épreuve.

Ainsi, l'apparence aide les âmes à évoluer en diverses qualités.

En réglant pendant un certain nombre d'incarnations l'apparence de l'individu, les Maitres Suprêmes l'utilisent pour l'élaboration par l'âme de certaines ou d'autres qualités de caractère.

L'homme, cependant, ne devrait pas oublier que toute apparence est temporaire, n'est donnée que pour une seule vie, et alors rien ne sert de s'en vanter quand on est beau, et qu'autour il n'y a que des médiocres, et d'autre part, de se décourager lorsqu'on est parmi cette médiocrité. Tout est passager. Vous ne devez pas vous moquer du laid, car il a sa tâche déterminée: arriver à la perfection. En outre, nous devons nous rappeler que, dans la prochaine incarnation, vous pourrez changer et être à sa place, et à nouveau être parmi ceux desquels vous vous moquiez, afin de tester vos qualités intérieures.

Il faut utiliser ses données externes pour une révélation des caractéristiques internes en talents personnels, afin d'accélérer l'avancement de l'âme sur le chemin du progrès, des nouvelles connaissances, et du combat contre ses faiblesses. La beauté ouvre les portes aux âmes des individus dans de nombreux établissements d'enseignement et de l'industrie, mais on devrait utiliser habilement cette clé, afin qu'un jour, elle n'ouvre pas la porte qui mène au Système négatif.

La beauté extérieure d'une personne doit passer à la beauté intérieure, morale.

Le plus important, c'est de transformer les bonnes qualités de l'âme, et c'est un ensemble de types spécifiques d'énergie, supérieures et subtiles, et alors un jour l'homme lui-même deviendra parfait comme une fleur ou brillera comme une étoile éblouissante.

LA BEAUTÉ SAUVERA LE MONDE

Quand on dit «La beauté sauvera le monde», cela signifie qu'elle le sauvera de la cruauté et de la violence, de tous les maux et des forces destructrices. Mais pensons-y, de quelle manière elle le sauvera?

La notion de beauté est une mesure subjective, car elle se réfère strictement à un moment donné. Et puisque chaque décennie, le temps change la notion de la beauté, en la mettant à jour, tout change radicalement tous les cinquante ans. Donc, il s'avère qu'à chaque intervalle de temps, il y a un certain type de beauté, dont l'image conséquente pourra sauver le monde, c'est-à-dire, le sortir d'une sorte d'impasse dans son développement.

La beauté, utilisée dans cette expression est une notion relative, implique une certaine forme parfaite, dont la structure est construite en plusieurs étapes, et par conséquent, est limitée, et chaque étape a une certaine période, une année, dix ans, cinquante ans, etc. Et nous savons que toute forme complète est une structure parfaite, qui a «perfectionné» et «raffiné» son aspect en développement jusqu'à une certaine perfection à ce stade de développement.

Ainsi, toute structure idéal est parfait par rapport à tous ceux qui se trouvent dans cet intervalle de temps de stade, mais se trouve légèrement plus bas au niveau de développement. Et à toute forme parfaite, on associe toujours la notion de «Beauté». Et tout individu se trouvant à un degré plus bas que cette forme parfaite, aspire à cet idéal et pour lui, elle est la norme de la beauté, qui devrait être imitée.

Par conséquent, seul l'idéal est capable de sauver le monde, ce qui est, atteindre la limite de la perfection. Et pour atteindre cette limite, il est nécessaire de beaucoup se développer et longtemps pour chaque personne sur Terre. Le développement aide l'homme également à se débarrasser de ses vices et de ses faiblesses, de l'agression et de la violence, car la conscience de sa moralité augmente sa spiritualité. La structure externe idéale est toujours associée au contenu interne, et de ce fait, les gens mauvais sont terribles et dégoûtants, et le bon et noble respire l'harmonie et la beauté intérieures.

Et bien sûr, il est important de ne pas confondre la beauté extérieure, physique, et la beauté spirituelle. Si on n'est pas beau en apparence, il appartient à l'homme lui-même, de décider, de chercher ou de ne pas aspirer à une beauté externe spécifique au niveau de la société. Il est maintenant possible d'atteindre la perfection externe, sans trop d'effort, de pouvoir recréer l'image de la beauté idéale. Un autre problème, l'individu en a-t-il besoin? Il est beaucoup plus important de viser la perfection spirituelle! Et si l'individu est doté d'un corps spécifique, qui pourrait ne pas lui convenir, dans tous les cas il le lui a été donné afin qu'il soit en mesure de maximiser la croissance spirituelle.

Mais s'il va aspirer à changer le corps physique dans sa forme extérieure, peu satisfaisante, avant tout, il se privera des résultats d'une autre limite, ceux de la perfection spirituelle dans le développement de cette durée de vie, parce que l'âme dans un corps altéré ne va plus se sentir comme dans sa forme initiale. Par conséquent, l'âme ne produira pas des qualités requises au développement prévu, et pour cette personne, ce sera l'absence d'accomplissement du programme de la vie.

L'image est la seule plate-forme pour expérimenter avec la forme physique, fournie à l'homme. Seulement en cela, on pourrait faire autant que possible pour ressembler à l'idéal de beauté. Et la poursuite de son idéal global, où coexisteront harmonieusement la beauté spirituelle, et la beauté physique, sans porter préjudice au développement de chacune des parties, est la norme globale même de la beauté, un concept selon lequel il existe sur Terre une expression: «La beauté sauvera le monde de la cruauté et de la violence».

Bien sûr, si chacun cultive en soi une réserve d'un tel ensemble constant d'idéaux, alors la cruauté et la violence vont disparaître d'elles-mêmes dans le monde, car la morale et l'éthique les élimineront à la base. La morale et l'éthique forgent la beauté externe et interne, construisent à leur manière l'âme humaine, en purgeant d'elle les bassesses, la cruauté, l'agressivité, et ainsi dire, la grossièreté, l'informité et la dysharmonie. L'homme qui a atteint la perfection est beau, cela est dicté par les lois de la construction du développement, et pour atteindre ce pic, il faut la réalisation d'une haute moralité et éthique. Dans le même temps, ces dernières cultiveront en l'homme une haute conscience et formeront la bonne attitude à l'égard du monde environnant, et de cette façon, la brutalité et la violence disparaitront d'elles-mêmes. (La seule exception est la voie négative du développement). Nous parlons ici du chemin qui mène à Dieu.

Chapitre 2
LES MATRICES DES DIFFÉRENTS TYPES D'ÂMES

Une âme développée a des capacités et des talents phénoménaux. Mais beaucoup de ceux-ci restent cachés aux yeux de l'observateur. L'homme en lui-même semble, parfois, primitif et prosaïque, parfois stupide et de médiocrité, car il mène une vie calme et mesurée. Mais beaucoup d'âmes cachent en soi de superpuissances, dont elles-mêmes ne soupçonnent pas la présence. Et il suffit de placer un tel homme dans des conditions inhabituelles de la vie, dès lors, ces capacités commencent à émerger.

Mais le phénomène principal de l'âme consiste dans le fait que, au cours de son évolution, elle passe par de différentes formes, pour ainsi dire, aujourd'hui elle est un minéral, et demain une grenouille, le jour suivant, un éléphant, puis un homme, puis un Maître Céleste, etc. L'évolution, c'est cette transformation sans fin des formes de vie, et la même âme passe à travers ces étapes, menant une vie très différente de la précédente, et percevant le monde sous diverses formes.

Sur Terre, trois principaux types d'âmes font leur apparition: issues du monde animal, les âmes dites terrestres (ou de type animal); mais aussi des âmes, qui commencent leur développement de l'état humain (une sorte d'âme terrestre); et les âmes cosmiques, qui comprennent des âmes qui descendent d'un plan Supérieur. Et il y a également des âmes provenant de mondes parallèles de la Terre, à savoir, de ses enveloppes subtiles. Leur schéma est le suivant:

1. Type d'âme terrestre:

a) les âmes prennent une forme humaine à partir du monde animal;

b) les âmes proviennent du monde matériel sous-jacent;

c) les âmes commencent leur développement du stade humain.

2. Type d'âme cosmique;

3. Les âmes des mondes parallèles.

1. **Les âmes terrestres** comprennent deux types principaux: celles provenant du monde **animal**, c'est-à-dire, partant de l'étape de minéraux ou d'autres étapes du plan terrestre et passant par les étapes ultérieures de la hiérarchie des plans de plantes et d'animaux; ainsi que les débutants du stade humain et qui traversent toute la hiérarchie de l'humanité. Mais comme supplément, on peut y ajouter les âmes provenant des mondes de Dieu, qui selon le Niveau de développement, se trouvent au bas du Niveau du monde terrestre. Elles passent également par toute la hiérarchie de l'humanité.

Commençons par l'examen des âmes d'origine animale.

a) les âmes d'origine animale remplissent la matrice initiale de très nombreuses qualités, d'autant plus que certaines d'entre elles proviennent même de minéraux et passent tous les plans ultérieurs terrestres du monde physique. Quand elles arrivent au stade de forme humaine, leurs matrices sont remplies de différents types d'énergie de notre monde, elles reçoivent beaucoup d'énergie, ce qui affecte la formation des qualités de caractères suivantes, ou leur confère une variété de nuances uniques.

Ces âmes sont très émotionnelles, sensuelles. En elles jouent et s'entremêlent des énergies des âmes dans diverses combinaisons et manifestations; tantôt, elles sont ludiques et joyeuses, tantôt sombres et irritables, tantôt respirent la joie, ou encore, tombent dans le désespoir. Les sentiments en elles sont instables, parce qu'elles n'ont pas atteint le sommet de la perfection, donc on assiste à un changement fréquent d'humeur. Bien sûr, la nature des âmes, ayant passé par une forme d'ours sera différente de celle d'un cabot; et celle ayant passé par la forme de singe sera différente par son caractère de celle de l'âme provenant de la forme de mouton. Toutes ont accumulé dans leurs matrices différentes qualités, propres au comportement de l'animal correspondant.

Même par les yeux, on peut constater que l'âme humaine contient beaucoup de différentes énergies, car ces yeux brillent de sentiments multicolores d'arc-en-ciel. De telles âmes produisent de nombreux artistes, peintres et poètes. Les sentiments les aident à bien sentir le monde et utilisent leur état émotionnel pour le développement ultérieur de soi-même et des autres.

Les énergies accumulées dans la matrice énergétique par le passé leur confèrent un caractère multicolore, une large gamme d'énergies primaires, ce qui permet ensuite de réagir aux nombreux phénomènes de la vie, qui semblent avoir une phase de résonance avec leurs énergies. Beaucoup d'âmes d'origine animale sont sensibles, délicates, exigent beaucoup d'attention à leur égard, et nous devons les traiter de cette manière soigneuse, et les éduquer comme on dit, sans tomber dans l'exagération.

Cependant, comme le constatent les Suprêmes, les émotions excessives nuisent au développement humain, car elles contribuent ainsi souvent à des projections d'énergie excessives, qui se sont déjà accumulées dans les enveloppes astrales, ce qui contribue à réduire le potentiel de l'énergie d'ensemble de l'âme, et donc, est néfaste pour elle. Par conséquent, à l'avenir, l'individu se verra privé de son excès de caractère émotif, et la subtilité de perception continuera à se parfaire dans son développement.

L'inconvénient de la progression de telles âmes est leur potentiel énergétique faible. Ce potentiel exige des charges proportionnelles, attribuées aux personnes de telles âmes. Cela revient à demander à un individu ordinaire ne pratiquant pas de sport, de soulever de lourds haltères, et à un autre, haltérophile professionnel. Le premier, du fait du manque de préparation, peut tout de suite se blesser, mais le second soulèvera ce poids sans difficultés.

Une telle force est dans l'apprentissage par l'individu de la maîtrise de nouveau potentiel d'énergie de l'âme. Quand il est insuffisant chez un individu (capacités de forces limitées), ce dernier supportera mal le stress psychologique, cède souvent psychologiquement, devient fou; et celui qui l'a déjà suffisamment, pourra facilement faire face à toutes sortes de problèmes et difficultés de la vie.

Lorsque la force du châtiment, de toute menace à la vie ou au bien-être de la jeune âme est supérieure à sa capacité de se défendre ou de comprendre le problème et le résoudre, elle perd la raison. Son potentiel d'énergie faible est incapable de résister au problème présent. En fin de compte, il se passe un découplage énergétique des structures subtiles de l'homme avec son corps physique. Dans certains cas, il parvient à récupérer, tandis qu'en d'autres situations, cela ne se passe pas ainsi. De ce fait, il devrait toujours y avoir une proportionnalité entre la complexité des tâches confiées à la jeune âme, et sa capacité à les résoudre.

b) Aux âmes terrestres provenant du **monde animal**, il faudrait ajouter également les âmes provenant des plans matériels sous-jacents. Par exemple, de nombreux types de démons, de satyres, ayant atteint le plus haut Niveau dans leur monde sous-jacent, passent à une forme humaine et continuent dans une perfection ultérieure dans l'environnement humain. Et il convient de noter que bon nombre d'entre elles se comportent très positivement, certaines d'elles sont des travailleurs consciencieux. Toutes ne sont pas des provocateurs, des voyous, des tortionnaires méchants.

Dans leur ancien monde, ils ont dû également se battre entre elles pour leur survie, le bien-être, et ainsi, au cours du développement, elles se divisent en celles qui veulent faire le bien et d'autres, le mal, c'est-à-dire, elles sont divisées, comme chez les hommes dans notre monde, en positifs et négatifs. Et c'est sous de telles caractéristiques qu'elles s'incarnent sous une forme humaine dans notre monde. Et ainsi, on pourrait se poser la question à savoir quelle sera l'accumulation dans la matrice de l'âme?

Les qualités acquises dans le monde matériel sous-jacent, sont similaires aux humains. La matrice des créatures qui, en proviennent, sont pleines des qualités qu'elles ont acquises dans leur monde. Habituellement, ces qualités sont construites à partir d'une énergie lourde, parce qu'elles se rapportent à un plan inférieur d'existence. Mais cette énergie crée une bonne base matérielle pour une construction fondamentale de la base de la matrice. Cependant, elles sont émotionnellement moins développées que les âmes provenant du monde animal. De celles-ci, on dit habituellement homme de «chêne», ce qui signifie, si fort, inébranlable, difficile à bouleverser.

Ces âmes ne perdent jamais la raison et ne s'adonnent jamais à des drogues, bien que ces individus puissent boire à petites doses, mais sans jamais perdre le contrôle de la situation. Pour contrer tout cela, ils ont recours à un type de l'énergie lourde, laquelle n'est pas en résonance avec les énergies physiques, car elle a été créée dans la matrice dans un monde différent. En ces mondes, elles ont vécu des situations similaires à celles des humains, mais plus sauvages, et avec des caractéristiques particulières de comportement. Par conséquent, les qualités de stabilité acquises et testées dans le passé, ou de comportement se reflètent dans le nouveau monde.

Mais puisque cette qualité est du plan inférieur, il ne faudrait pas attendre d'une telle personne de la noblesse ou de la romance, toutefois on peut en attendre de la persévérance dans la tentative d'atteindre quelque chose d'intrépide, de courageux. Ce sont de bons combattants dans le domaine du sport et de la vie politique. Ils sont dotés d'esprit fort, et ainsi il est difficile de les dissuader, de les convaincre. Bien sûr, il y a une grande variété de types de caractères, de styles de comportement, et nous ne faisons que mentionner une petite partie de leurs caractéristiques à titre indicatif.

Mais, les jeune âmes provenant du monde animal ou du monde inférieur, par rapport aux âmes terrestres, au vu de leurs trois ou quatre incarnations sous forme humaine, sont moins douées dans l'apprentissage à l'école, et ainsi, maitrisent assez difficilement les connaissances théoriques du nouveau monde. Elles ont besoin de quelques vies pour le développement du style de comportement de l'homme, de son mode de vie. Et puisqu'elles n'ont pas été instruites dans le passé, elles n'ont aucune idée sur le processus d'apprentissage et dans leur matrice, il n'y a pas de solides bases de connaissances sur le monde terrestre et les sciences humaines, elles n'ont pas d'exemples et de concepts humains, qui aident leur conscience à s'orienter dans les sciences terrestres. Au cours de leur formation, les enseignants sur Terre devraient choisir correctement les méthodes d'enseignement.

La répétition des étapes de l'enseignement, la systématique est importante dans l'enseignement des jeunes âmes. Les jeunes âmes apprennent lentement le contenu de ce qu'on leur enseigne et en petites

portions. Alors, quand ils apprennent vite, sans répétition du même contenu, ils n'apprennent rien. Pour qu'un nouveau concept soit enraciné dans leur esprit, il doit être associé à une certaine association d'image, déjà bien connue de l'apprenant.

L'enseignant doit se rappeler que la connaissance est composée d'énergie de potentiel plus élevé que celui avec lequel ils ont travaillé auparavant, cette énergie sera mise en place très lentement, car le faible potentiel de l'âme n'est pas encore capable de maintenir un potentiel élevé de nouvelles notions. Pour cette raison, afin d'implanter les nouvelles structures dans les cellules de la matrice, il faudra faire un grand travail. Se construire de nouveaux termes se fera peu à peu. Et cela exige des techniques spéciales, d'un système particulier de formation.

C'est déjà là l'affaire des enseignants qui, en développant ces concepts, doivent se rappeler qu'il est impossible avec une seule et même méthode d'enseigner à une jeune âme dotée d'une ébauche terrestre de matrice des concepts, ainsi que d'une âme moyenne, ou plus encore, mature avec un contenu déjà fixe, du fait que la différence dans leur développement peut parfois atteindre de trente à cinquante incarnations.

La jeune âme ne peut pas être traitée de stupide ou de l'incapable d'apprendre, de même qu'on ne pourrait blâmer un enfant, sous prétexte qu'il ne sait pas chanter ou danser. Tout viendra en temps opportun, au cours du processus de développement progressif de la vie humaine. Par conséquent, la formation des jeunes âmes doit se dérouler graduellement, avec de la cohérence, la répétition. Sans l'assimilation d'une certaine connaissance durable, on ne peut pas aller de l'avant.

Dans un tel cas, c'est aux enseignants d'avoir de la patience, de faire preuve de respect et de soins à l'égard des apprenants, d'avoir une capacité d'ignorer certaines grossièretés de la part des novices. Après tout, ils viennent du monde animal, et sont pleins de grossièreté. C'est une qualité de leur existence passée. Du coup, ils doivent être rééduqués et oublier de nombreuses habitudes sauvages et malvenues. Dans le cadre d'un tel travail, la transformation des qualités de l'âme ne peut faire l'objet de résultats immédiats.

Mais on devrait également noter une particularité du développement des jeunes âmes, il s'agit de leur limite. Ils sont capables d'assimiler les connaissances jusqu'à une certaine limite, correspondant à leur Niveau, car ces connaissances sont calculées par rapport à leur potentiel énergétique faible.

Chaque Niveau de développement selon le potentiel d'énergie correspond à son Niveau de connaissances. Et si le potentiel d'énergie de la nouvelle information commence à être beaucoup supérieur au propre potentiel de l'individu, il se décompose dans le sens littéral du mot: sa structure subtile éclate, car le potentiel plus élevé de connaissances contribue à l'endommagement de la structure qui a moins de potentiel. En fin de compte, il y a un manque d'équilibre des énergies.

Pour cette raison, l'enfant ne doit pas être sous pression. Les enseignants et les parents doivent ressentir la limite sensible de son Niveau de développement.

Beaucoup de jeunes âmes ont une forte protection d'énergie, qui se déclenche en cas de surcharge: dès qu'elle apparaît, la personne a un sentiment de recul par rapport à quelque chose: «tout à coup» il en aura marre de jouer du violon, d'étudier les mathématiques, la physique, de lire des livres de philosophie, et préférera s'occuper de choses simples de la vie quotidienne. Et tout cela est le résultat de la réaction de protection d'une personne contre les surcharges.

Les jeunes âmes doivent d'abord comprendre les bases de la vie humaine, les subtilités des relations humaines et ensuite pouvoir passer à l'élaboration de leur plan astral et de l'appareil mental. Il n'est donc pas étonnant que dans les structures subtiles de l'homme, il y a d'abord l'enveloppe astrale, puis la mentale. Dans les situations de la vie quotidienne, en premier lieu, se déclenche d'abord l'enveloppe des sentiments et des émotions.

Les situations de la vie quotidienne suggèrent la maitrise par l'âme de toutes sortes de métiers et de travail grossier et simple. Elles maitrisent normalement les opérations peu complexes dans la production, travaillent bien dans l'agriculture, aiment ce qui est lié à la terre et le sport, sont capables de faire leurs preuves dans l'activité de l'art, des affaires militaires au bas de ses Niveaux. Et seulement après la maîtrise de tout cela, et en particulier des normes de la communication humaine, ces âmes peuvent passer à l'étape du développement de l'enveloppe mentale plus intensément, mais à un degré moindre, les processus élémentaires de la pensée en elles commencent à s'élaborer lors de la mise en œuvre du plan astral.

L'enseignant est généralement à quelques Niveaux au-dessus de celui de la jeune âme, il devrait donc essayer de comprendre dans quel sens orienter l'apprenant afin qu'il maîtrise mieux le développement des compétences humaines utiles, l'assiduité, l'amour du travail. Elles doivent apprendre la conscience élémentaire, les bases de la morale humaine. Sans cela, elles apprendront d'elles-mêmes dans l'environnement humain le mauvais côté et le pire, ce qui les mènera vers le Système négatif.

L'enseignant doit se battre contre cette éventualité, et les moyens de cette lutte sont mentionnés ci-dessous.

c) le type d'âmes terrestres, **qui commencent leur développement du stade de la vie humaine,** a un avantage sur le même type d'âmes provenant du monde animal et des mondes sous-jacents. Cet avantage est dû à l'accélération du développement, par des capacités intellectuelles favorisées par les particularités de leur structure subtile, et l'amélioration sur le plan humain.

(Les âmes provenant du monde inférieur, en fait, appartiennent aussi au type du monde animal. Mais pour une meilleure compréhension de la façon dont peuvent être différemment remplies leur matrice, dans les âmes du monde animal et dans celles des mondes inférieurs, nous les scinderons artificiellement).

Les âmes de type terrestre, débutant leur stade de développement par la forme humaine, commencent initialement par l'accumulation d'énergie mentale d'âmes décodées. Un mécanisme spécial supplémentaire du plan subtil, construit dans leur corps d'énergie, permet sur la base de ces énergies et du programme, de s'intégrer immédiatement à l'environnement humain à un niveau supérieur, mieux que les âmes de type d'animal.

Ces âmes ne possèdent pas beaucoup de qualités qui ont été acquises par les âmes de type animal, mais elles maîtrisent avec plus de succès le plan mental, et possèdent mieux les connaissances humaines.

Ce type d'âmes a été modernisé afin d'accélérer les progrès mentaux de l'homme. Et nous savons que l'humanité a considérablement pris du retard dans le développement à un moment donné. Par conséquent les Suprêmes pensent constamment à la façon de faire rattraper ce retard, et d'utiliser à cette fin leurs nouvelles découvertes.

Contrairement aux âmes de type animal, ce type d'âmes terrestres est peu, et parfois pas du tout émotionnel, possède une certaine froideur interne. Ces âmes ne possèdent pas une telle sensualité vive et d'éclat en termes de manifestation externe, comme c'est le cas chez les âmes de type animal. Mais elles maîtrisent parfaitement tout à la fois ce qu'elles ont appris, donc ces âmes passent plus vite à la voie positive et vont progresser rapidement dans l'environnement humain. Mais, le type animal passe plus facilement au Système négatif, à cause de la présence dans la matrice de qualités négatives d'agression, de méchanceté, de rage, lesquelles ont été mises en place dans le corps animal ou originaire du monde inférieur.

Les qualités passées vont nécessairement se manifester sous une forme nouvelle, qui est la forme humaine, dans les premiers stades de développement de traits négatifs comme l'irascibilité, la colère, l'agressivité, la rage, la colère, la vengeance. Mais en présence de bonne éducation, ces qualités peuvent être transformées en qualités positives, lesquelles conduisent à Dieu. À cette fin, ces qualités de l'individu doivent être orientées vers l'activité pour surmonter toutes sortes de difficultés au travail, dans le sport, dans l'armée, et utiliser ces qualités dans la lutte contre les catastrophes naturelles, les accidents de toutes sortes, alors elles se transformeront en grandes qualités positives de courage, de volonté, d'acharnement au travail, d'endurance, de tolérance, de compassion envers les autres, etc.

Il faut aussi mentionner les âmes cosmiques, des extraterrestres et des mondes parallèles.

2. Les âmes cosmiques se développent en dehors du Système solaire, ainsi elles peuvent arriver à la fois des planètes physiques, et des mondes plus subtils. Le plus souvent, ce sont des âmes de missionnaires envoyés pour accomplir certaines tâches que les âmes terrestres ne sont pas en mesure de remplir. Parmi celles-ci, on retrouve des enseignants de l'humanité, des personnes de pouvoir surnaturel, d'intelligence surnaturelle, pouvant apporter aux hommes de nouvelles technologies spatiales, de production, de développement de construction navale maritime et spatiale, etc.

Toutefois, il arrive que quelques âmes cosmiques soient envoyées sur Terre pour acquérir des qualités terrestres pour elles-mêmes, et par la suite, emporter dans leur monde certaines propriétés et y effectuer les travaux nécessaires.

3. Des mondes parallèles, d'où proviennent également peu d'âmes. Comme dans le cas des âmes cosmiques, elles accomplissent certaines missions ou acquièrent des qualités qui leur sont nécessaires. Elles ne passent pas l'étape complète de développement dans leur forme humaine, ce qui signifie qu'elles ne passent pas toute la hiérarchie du développement humain, tout comme les âmes du type animal, c'est pourquoi on ne peut pas leur attribuer un type terrestre.

Les âmes de type animal et les âmes provenant du monde inférieur, passent par une centaine de Niveaux de hiérarchie humaine, et les âmes provenant de mondes parallèles, sont incarnées dans notre monde une fois, ou trois ou quatre fois de plus, mais pas plus. Si les âmes cosmiques apparaissent directement aux hauts ou moyens Niveaux, elles peuvent alors arriver à n'importe quel Niveau, et ensuite n'apparaissent plus ici. En cela, elles diffèrent.

LES FORMES DE VIE

 L'homme n'est pas la seule créature intelligente dans notre univers et, en particulier dans les mondes de l'énergie. Le monde physique a moins de formes de vie que le monde subtil, celui de l'énergie. Mais dans ce dernier, les créatures diffèrent non seulement par la forme de structures, mais aussi par la variété de luminescence et d'éclat, de jeu d'énergies. De telles formes énergétiques de la vie sont un ensemble infini et elles peuplent tous les mondes positifs et négatifs, créant deux orientations opposées du développement évolutionniste. Si l'homme ne les voit pas, cela ne signifie pas qu'elles n'existent pas.

L'homme se trouve dans les premières étapes de son ascension sur la voie de l'évolution, mais avec le temps, lui aussi se transformera en cette même créature lumineuse et belle, à l'image de ses Maîtres célestes et anges gardiens. Tel est l'objet de son perfectionnement dans un avenir proche, passer au Monde supérieur, en devenir un digne représentant. L'homme commence déjà à briller en présence d'un développement correct (vers Dieu), mais son âme est encore de taille insignifiante et elle va grandir et se développer.

Mais n'oublions pas que Dieu crée une matrice d'âme pour les différentes créatures en trois éléments. Autrement dit, il leur confère de l'énergie positive et négative depuis l'origine, forme un centre de contrôle neutre en proportion de 1/3 du volume total de la matrice initiale. Chaque partie à la première étape occupe un tiers du volume total de la matrice. Celle-là n'est dotée d'aucune qualité.

La matrice initiale est en fait vide, et ces énergies primaires assurent seulement ses fonctions vitales. Mais elles contiennent tous les mécanismes logiques qui leur assurent la fonction requise. La partie positive fonctionnera autrement que la partie négative, mais toutes les deux ne jouent pas le rôle de contrôle. Les lois sont prédominantes dans la matrice de la structure de la matrice, puisque c'est d'elles que dépendent sa structure ultérieure, et par conséquent, son existence. Toute structure mal formée est considérée défaillante, et une construction défaillante ne sera pas valide.

Ces matrices initiales peuvent être incluses dans toutes les formes extérieures d'existence, et alors apparaitront les formes de vie souhaitée: minéraux, poissons, oiseaux, insectes, animaux, personnes, extraterrestres, planètes, étoiles. Chacun de ces éléments proviennent par leur existence de type d'êtres matriciels, créés par Dieu à cet effet.

Toutes les matrices sont créées de la même manière, de manière standard. Mais la question se pose alors pourquoi d'une matrice on a un oiseau, et d'une autre, une planète; d'une, on a une personne, et d'une autre, il en ressort une étoile? Que faut-il pour cette transformation?

Tout d'abord il faut se rappeler que chaque matrice est dotée **d'un mécanisme d'identité**, qui de toute façon la guidera dans le sens de la distinction et de la différence des autres.

Mais, pour qu'une matrice de même type donne lieu à différentes formes d'existence, il faut non seulement le mécanisme interne. On a besoin également **d'une forme matérielle extérieure et un programme**, calculé par les Suprêmes pour cette forme.

Toute forme (plante, crocodile, fleur, éléphant, planète, extraterrestre) est évaluée et conçue comme structure spéciale du Système cosmique, réservé à la création de formes matérielles. Mais ils ne le font pas pour leur propre amusement ou pour entraîner leur imagination créatrice, mais à certaines fins qui apparaissant périodiquement dans l'univers et dans l'évolution de la Création (Univers).

Il ne faut jamais penser que la forme existe uniquement pour soi, pour son propre développement personnel, et surtout pas pour le plaisir et le divertissement des autres: les oiseaux chantent, pour ravir l'oreille humaine, le chien court pour divertir son maitre, et masquer sa solitude. Bien que tout cela existe, mais c'est de second plan et une conséquence nécessaire de l'interdépendance de toutes les formes de vie dans le même monde. Le but principal de leur existence est l'objectif fixé par les Suprêmes, qu'ils incluent dans l'une ou l'autre forme.

Toute naissance ou toute existence a un but strictement spécifique. La forme apparaît au monde, et seulement si cela est lié aux exigences techniques et aux besoins d'énergie, car cette énergie est en cette forme une machine pour transformer un type d'énergie en une autre. Elle transmet à travers soi l'énergie d'une source à une autre, par exemple, comme sur Terre, une personne achemine l'énergie des Suprêmes vers la planète, en la transformant en cours de chemin en un type plus digeste. Ainsi, la forme est le convertisseur d'énergie et le système de redistribution.

La forme a été créée pour un monde spécifique: les plantes, les animaux, les humains - pour la Terre, les Séléniens pour la Lune, les planètes et les étoiles pour notre univers, et dans un autre univers, on aura des formes complètement différentes, conçues pour des besoins déterminés. Le monde subtil aura sa propre forme, travaillant pour ses besoins. Pour ainsi dire, la forme d'un élément est impliquée dans le processus technologique de traitement de certains types d'énergie pour obtenir d'autres, tout en améliorant leur Niveau (d'énergie).

Chaque forme est conçue pour fonctionner avec sa gamme d'énergies. Elle est tout d'abord conçue par les Créateurs de formes, conformément à l'objectif qui Leur est assigné. Cet objectif définit ce qui sera nécessaire d'obtenir pour le monde, dans quels processus il devrait être concerné et de quels matériaux il faudra l'élaborer. Les Constructeurs cosmiques élaborent le modèle externe et développent les fonctions que ce modèle devrait produire pour accomplir l'objectif préétabli.

Chaque forme de toutes ses fonctions vitales travaille pour le monde dans lequel elle est placée. Habituellement, elle traite l'énergie basse de la gamme qui lui est attribuée, et l'énergie haute pour l'amélioration de leurs caractéristiques et de leur Niveau. Cela est nécessaire pour l'évolution du monde, car de telles transformations de l'énergie contribuent au rehaussement de degré de la matière du monde, et donc, l'augmentation de son propre Niveau de développement dans la hiérarchie des matériaux ou de l'énergie des mondes. Avec l'augmentation de la capacité des éléments composants, le volume des éléments augmente, ainsi que la capacité globale. Voilà pourquoi il est si important que dans le monde se développe chacune de ses particules.

Ainsi, toutes les formes existant dans un monde déterminé, sont impliquées dans le processus technologique de transformation de l'énergie de la gamme la plus basse à la plus haute.

Il s'en suit, avant que toute forme soit créée, il y a un besoin des Suprêmes concernant certaines transformations et obtention de matériaux ou d'énergie dont ils ont besoin. Au cours de l'existence, les Suprêmes ont périodiquement besoin de transformer une qualité en une autre, à condition que cela contribue à l'évolution d'Eux-mêmes et du monde dans lequel ils travaillent. Ainsi, le but des Suprêmes apparaît systématiquement à mesure de leur propre évolution et de la progression des mondes.

La forme créée pour un plan physique spécifique, est calculée sur l'ensemble des processus: chimique, physique, biologique (uniquement pour le monde terrestre), d'énergie de différents degrés. Ce sont des processus complexes unis dans une seule forme de ses fonctions vitales. Par exemple, se passe une réaction chimique, il faut certaines conditions de son déroulement (température, pression, composition de l'environnement, etc.), et pour le fonctionnement de toute forme, il faut également une conformité à certaines conditions de son existence. Par conséquent, toute forme ne convient que pour certains paramètres externes, tels que l'habitat, et quand il s'y passe (dans le milieu environnant) des changements importants, et cela équivaut à une violation du déroulement des réactions d'interaction entre ses mondes intérieurs et extérieurs, la forme est vouée au péril.

Un changement de milieu entraîne la nécessité de changement de formes de vie. Et le changement d'environnement est une nécessité de toute évolution du monde.

Pour cette raison, lorsque le monde progresse, les changements qui s'y accumulent, entrainent un besoin de changement de formes de vie.

La forme peut être gérée par un programme. C'est une forme de robot. Et la forme peut être contrôlée par l'âme, la matrice, qui est en soi une structure d'énergie subtile, spiritualisée et capable de se développer et de se contrôler, et par conséquent, de contrôler aussi les processus auxquels elle participe.

Si la forme est contrôlée par l'âme, en quelque sorte, par la matrice, ainsi en commençant son développement dans un monde concret, et étant conçue pour son développement, elle (l'âme) va se parfaire parallèlement à ce monde, passant d'une forme à une autre. Les créateurs des formes changeront leur modèle, modelant des structures plus anciennes ou créant de toutes nouvelles.

Mais l'âme en même temps dans un monde donné progressera vers des formes de plus en plus **parfaites**, dont chaque forme successive travaillera avec une gamme d'énergies plus élevée que la forme précédente, dans laquelle l'âme existait avant. Autrement dit, chaque fois, l'âme passe à une forme qui fonctionne avec un niveau de l'énergie plus élevé, ce qui signifie qu'elle-même dans le processus de transformation, accumulera dans les cellules de sa matrice des types d'énergies plus élevés, lesquels augmentent son propre Niveau de développement.

Mais revenons au plan terrestre. Pour qu'une forme spécifique existe comme individu, sa structure à elle seule ne suffit pas, **il faut plus**, comme mentionné ci-dessus, un **programme.**

Comme nous pouvons le constater, la forme d'un oiseau à l'origine a été conçue pour des fonctions données, l'homme pour d'autres fonctions, la planète, encore d'autres. Mais pour que cela fonctionne dans le sens souhaité, à savoir, pour que l'oiseau se comporte comme un oiseau, et pas comme un humain, et afin que l'homme ne se comporte pas comme un sanglier, il faut absolument un programme de contrôle. Ce dernier doit ordonner aux types de formes biologiques des mouvements requis, comme s'il s'agissait d'un robot métallique. Mais, son fonctionnement est plus complexe en ce qui concerne la forme spiritualisée.

Le programme est écrit par des Programmeurs du Monde Suprême. Ce programme est élaboré pour une forme déterminée et un Niveau correspondant de développement de l'âme qui sera incluse, ainsi que nécessaire pour un environnement spécifique d'existence. Le programme est toujours individuel et est orienté vers trois points de repères:

1. Il doit faire fonctionner la matrice de sorte qu'elle puisse accumuler en elle (dans la matrice), grâce à cette forme, la qualité souhaitée sous la forme de structure d'énergie dans les bons mécanismes;

2. Simultanément, la matrice devrait pouvoir transformer le monde dans lequel elle se trouve;

3. D'autre part, cette forme devrait produire certains types d'énergie plus spécifiques pour un monde supérieur et un certain nombre de formes, avec lesquelles elle entrera en relation dans son monde.

Tout cela est possible uniquement sur la base de fonctionnement du programme, autrement dit, du contrôle de la matrice à l'aide du programme.

Une matrice vide, rejoignant la forme matérielle, lui confère une spiritualité; et le programme en s'y incorporant, définit l'orientation de la matrice et dicte le style de comportement de chaque forme particulière.

Plus précisément, en ce qui concerne la complexité de sa structure et de la présence de matières différentes, la forme est instaurée par plusieurs programmes. Le programme de vie et d'existence est un programme qui est formé de sujets d'existence. Le style de comportement est dicté par un autre programme distinct, mais il est généralement étroitement lié au programme de vie. Le corps biologique fonctionne selon son programme, et les enveloppes subtiles, chacune selon le sien. De plus, chaque organe pourrait aussi avoir son propre programme individuel. Mais le programme des organes et des systèmes internes est combiné dans un programme du corps physique, le code génétique, etc.

Des programmes autonomes séparés sont attribués aux cellules d'organes et de tissus, aux molécules et aux atomes qui les composent, et de même, dans la structure des corps d'énergie subtile, il existe également de nombreux ensembles, fonctionnant selon des programmes autonomes. Et chaque corps d'énergie combine des composants séparés, opérant selon leurs propres programmes dans le programme général, qui est le programme, par exemple, de l'enveloppe mentale ou astrale.

Mais nous n'allons pas dans les détails des programmes partiels, et plutôt on se concentrera sur le programme qui dicte le style des

formes de comportement, qui les rend uniques en leur genre. Grâce à ce programme, un poulet se comporte comme un poulet (et pas comme un canard), et un éléphant se comporte comme un éléphant, et pas comme un lion. Ce programme fait qu'un oiseau est un oiseau et recueille dans la matrice certaines qualités, l'homme aura l'attribut de l'homme, lequel compilera d'autres qualités, et la planète sera une planète qui accumulera des qualités propres à son niveau.

Les programmes dictent le style de comportement et les formes de fonction. Ainsi dit, les mêmes matrices ne se transforment en différentes créatures que grâce à leur union (des âmes) avec les modèles fonctionnels différents de formes et de programmes écrits spécialement à cet effet.

Sans programme, aucune forme ne sera en mesure de vivre, de travailler, d'agir selon les fonctions pour lesquelles elle a été conçue. Comme à un robot, le programme définit un ensemble de mouvements définis, ainsi il envoie à la forme un ensemble approprié de mouvements, ou un style de comportement. Seulement grâce à cet effet, les matrices commencent dès le début, à accumuler dans leurs cellules de l'énergie, qui a été programmée par les Suprêmes, en fonction de leurs besoins de développement et d'évolution des mondes.

Si l'âme passe de la forme animale à la forme humaine, comment se comporteront-ils, par exemple, un loup ou une panthère dans un environnement humain sans le nouveau programme? Autrement dit, si ces âmes conservent leur ancien programme, elles vont foncer sur les individus comme elles le faisaient auparavant. Mais le nouveau programme apprend à se comporter d'une manière différente. Et même si elles conservent encore des qualités sous la forme d'instincts animaux, grâce au programme, elles sont transformées en d'autres propriétés: l'assassinat par agression est souvent transformé en agression verbale et en attaques psychologiques par une personne à l'encontre d'une autre, à la destruction de ce qui est cher à tous, etc.

Cependant, certains instincts sauvages passent tout de même dans l'homme en brisant les interdits et l'enseignement de la morale, des conseils des parents et des enseignants, et dans ce cas, on assiste aux assassinats, et d'autres perversions propres au style de comportement animal et humain.

Les programmes donnent la liberté de choix dans les actions, leurs pensées, leurs désirs, et de ce fait, on assiste à cette distorsion des actions humaines. L'homme commet de telles atrocités, que n'est pas capable de commettre un animal, et ne le fait pas pour ne pas mourir de faim, mais dans le but d'assouvir un caprice ou un désir. Cette satisfaction du plaisir conduit l'ancienne âme animale à des actions exagérées, autrement dit, à une distorsion de la réalisation de ses désirs. Cela se produit dans les premiers stades de développement et peut être rééduqué encore au milieu de la hiérarchie humaine. La rééducation est une transformation de certaines qualités inférieures, en d'autres, supérieures.

La liberté d'action est offerte dans le but d'enseigner aux individus inferieurs de penser, de décider quelle voie de développement emprunter, la négative ou la positive. Le choix donne l'occasion de prévoir les conséquences de ses actes, et la liaison du processus de la pensée et celui des enseignants apprend à distinguer le bien du mal, qui apparaît dans la vie de l'âme comme mécanisme de séparation en deux camps opposés.

Dans un certain monde, les formes sont disposées par Niveaux. Ainsi, dans le monde terrestre, elles sont disposées par Niveaux ascendants: plan de minéraux, de végétaux, des animaux, des humains. Mais chacun de ces plans a sa propre hiérarchie, permettant à la forme de se développer pleinement dans une gamme spécifique, accumulant ainsi sa gamme complète de spectres dans sa matrice, la construisant des basses fréquences vers les plus hautes.

Il est nécessaire de prendre en compte le fait qu'à l'échelle globale, tout monde, aussi, est une forme particulière d'existence, car il est pourvu d'un volume, de matrice spatiale et de structure interne. Le monde est doté d'un certain contenu, lequel contient non seulement l'habitat, la nature, mais les formes particulières, fonctionnant toujours selon le mode qu'exige son volume. L'activité des formes vivantes et bon nombre d'autres mécanismes, invisibles à l'homme, contribue au remplissage de sa matrice spatiale au bon endroit, d'énergie utile.

Chaque volume du monde, en tant que forme spécifique, se développe aussi selon son programme individuel en fonction de son Niveau.

Les formes particuliers internes existent dans ce monde, exécutant un programme individuel et progressant, et en même temps contribuent à l'évolution du volume du monde concerné. Ces formes recyclent le spectre d'énergies faible en un spectre plus élevé et, de même, augmentent le Niveau du volume de remplissage interne, ce qui contribue à la croissance globale de son ordre, en d'autres termes, le rehaussement du nombre du Niveau dans son emplacement dans la hiérarchie des mondes. Mais le volume se développe non seulement grâce aux formes internes car il dispose de ses propres processus, contribuant à sa progression dans l'ensemble.

De ce fait, aucune forme n'est accidentelle dans le monde, car en elle se trouve initialement un but fixé par les Êtres Suprêmes. Par conséquent, l'apparition de la forme humaine de la vie est liée également à certains besoins de la Terre, des Suprêmes, et n'est donc pas un résultat aléatoire de l'évolution. Et puisque cela a été prévu, alors le début et la fin de la forme sont aussi préconçus, ainsi que le passage ultérieur de l'âme au Niveau supérieur. Et à partir de ce fait, il résulte que des tâches spécifiques sont assignées à l'homme, et il doit les accomplir pour les Suprêmes.

Nous parlons de toutes ces choses complexes, pour rappeler à l'homme que son propre développement est nécessaire, non seulement pour lui-même en personne, mais aussi pour le monde environnant, pour la Terre, et pour les Êtres Suprêmes. Il est lié à tout par l'intermédiaire de flux d'énergies. C'est pourquoi, quand il essaie d'éviter le développement en vue d'obtenir du plaisir et commence à se dégrader, il agit négativement non seulement envers lui-même, mais transmet par chaîne des effets négatifs au monde extérieur, à notre planète, aux Suprêmes.

LE BLOCAGE DE L'ANCIENNE MÉMOIRE

L'homme ne se souvient pas de sa vie passée, il ne peut pas se rappeler s'il était un homme mauvais ou un bon, un criminel ou un héros. Mais, il aurait semblé que s'il pouvait se souvenir de son passé, il lui serait plus facile d'éviter les erreurs karmiques, et donc pourrait progresser plus rapidement. À quelles fins les Suprêmes ferment artificiellement la mémoire des vies passées, bien qu'il y en ait une au moins?

Comme l'ont confirmé expérimentalement certains hypnotiseurs, qui mènent les gens en état de transe, l'homme commence à se rappeler non seulement ses dernières années d'existence, mais aussi les incarnations personnelles dans d'autres temps, même avant l'époque des pharaons.

Si un individu a vécu plusieurs vies, il a obtenu une expérience déjà importante et pourrait, par exemple, comparer la façon dont il a vécu pendant l'Inquisition et au cours de la démocratie actuelle, comment il s'est comporté à l'époque d'Ivan le Terrible et comment il se comporte dans la Russie libre, à cette mesure, il a fait des progrès dans sa vision du monde et des individus. Cependant, une telle comparaison n'est pas permise par les Suprêmes pour une certaine raison.

La raison en est l'aspiration des Suprêmes à obliger en sorte que l'homme acquiert ses qualités spirituelles et professionnelles plus rapidement et de meilleure qualité. Pour une pureté de l'expérience, l'homme n'a pas accès à la mémoire ancienne, pour vérifier, s'il se comportera temporairement si généreusement, ou s'il oubliera sa générosité? Est-ce que le voleur continuera à s'approprier des biens d'autres personnes, ou s'il pourra oublier que dans le passé, il vivait de cela? Et, enfin, s'il va commettre des assassinats, ou s'il oubliera que, dans le passé, il a privé de vie de plusieurs personnes?

De notre série «Au-delà de l'inconnu», nous savons que les qualités élaborées dans les cellules de la matrice de l'âme, aussi longtemps qu'elles ne seront pas construites définitivement, peuvent se comporter de manières différentes. La construction de la qualité est considérée comme complète quand elle passe au mode «réflexe inconditionnel», ainsi dire, fonctionne automatiquement. Cela signifie que l'individu, sans réflexion préalable, agira selon la manière dont il s'est construit.

Ainsi, par exemple, étant dans un esprit pensif, il pourra mécaniquement, autrement dit, automatiquement, donner l'aumône à un mendiant; il va sans hésiter aider un voisin malade, manifestant la présence de qualités de bonté et de miséricorde, lesquelles sont au stade de perfection. Il va rester au travail jusqu'à la fin de ses tâches journalières, tant qu'il n'aura pas terminé. Et cela sera le résultat d'une qualité élaborée jusqu'à l'étape finale du sens du devoir, et du travail acharné. En effet, à cause de sa qualité interne, il ne peut pas laisser le travail inachevé, il sera attiré comme un aimant par ce devoir, et tant qu'il n'a pas terminé, ne pourra pas s'en aller. Ce sont là des exemples de qualités positives.

Dans le cas où un individu atteint le stade de perfection des qualités négatives, et donc est passé en mode automatique de ses actions, cette attitude va également se manifester en premier lieu comme «réflexes conditionnés», en d'autres termes, l'individu n'a pas le temps de réfléchir sur la façon de poser son acte.

Par exemple, si on l'injuriait, sans hésitation, et presque automatiquement, il donnera un coup à son offenseur; s'il rencontre un faible, il se mettra automatiquement à le harceler, insulter, et ainsi de suite, ce qui veut dire qu'en lui en premier lieu et de manière réflexe, se manifestent les traits négatifs.

Ou un autre exemple, les garçons se plaisent souvent à tirer les filles par les cheveux, les taquinent, prennent leurs crayons, stylos, trousses, manifestant ainsi leur intérêt pour le sexe féminin. Mais étant dit ce sont de jeunes âmes, dans lesquelles l'arsenal de cellules de la matrice a accumulé plus de négatif, alors cela se manifeste en elles en premier lieu. Mais elles ne sont pas en mesure de les  surmonter et de changer de comportement sur le coup au positif, autrement dit, à lire, par exemple, des poèmes à la fille qui l'intéresse, lui offrir des fleurs, porter à sa place et aux yeux de toute la classe son sac lourd, de la défendre face à un enseignant, si ce dernier lui a donné injustement une mauvaise note. La jeune âme n'est pas en mesure de le faire parce qu'elle n'a pas une telle qualité dans la matrice et probablement cela prendra une dizaine de vies pour acquérir des qualités semblables et d'agir à l'opposé de son comportement indécent.

Ainsi, l'absence d'accès à la mémoire amène l'homme à agir conformément aux qualités accumulées dans les cellules de la matrice, en plus de la prise en compte de la conscience et d'une analyse préliminaire de la situation. Cela permet d'identifier le degré de maturité de la qualité, le raffinement de son mécanisme d'action, la perfection des constructions faites dans la cellule. En ce phénomène, la pureté de l'expérience, à savoir la vérification de l'âme dans les situations qui se présentent.

L'homme ne se souvient pas de sa vie dans le passé, et ne s'y (le passé) adapte donc pas, ne fait pas semblant d'être meilleur, il est tel qu'il est, comme il s'est construit. Et c'est là précisément les qualités élaborées qui le forcent dans des situations spécifiques à agir d'une façon quelconque et pas autrement. L'homme dispose de situations nouvelles dans les conditions actuelles, et dans ces conditions, il lui est donné un choix: se comporter d'une manière ou à l'opposé, de continuer à élaborer des qualités négatives, ou de commencer à construire de nouvelles qualités positives, se rendant compte dans le présent le caractère inconvenant et scandaleux de certaines autres personnes ou de leurs propres actions. La fermeture de la mémoire force l'homme à agir de manière apparemment intuitive. Mais en fait, il fait toujours appel à ses qualités intérieures, acquises dans des incarnations précédentes. Ce fait est d'une grande importance dans le perfectionnement de l'âme.

Une personne qui a tué une ou même quelques personnes, donc a la possibilité d'oublier qu'elle a été un meurtrier dans le passé, et, à l'imitation des meilleurs comportements dans la communauté, orientera ses qualités négatives dans la transformation en positives, par exemple, dans la lutte contre les difficultés de la vie, la lutte contre l'injustice, pour les bonnes récoltes, dans des performances dans le sport et d'autres choses. Ainsi, il restera à distance de la qualité négative, laquelle peut le mener au Système négatif, et de cette manière, il peut passer aux changements positifs, qui le mènent au Système positif.

Si, toutefois, il se souvient qu'il a tué quelqu'un, il est possible qu'il commence à éprouver du mécontentement envers lui-même, et que cela puisse conduire au prochain assassinat, parce que la seule pensée chez cet individu commence à influer différemment que dans le cas où il ne se souviendrait de rien. Il y a beaucoup de subtilités qui influent sur le comportement humain et qui construisent la qualité de son caractère, et ces détails sont utilisés comme moyen d'éducation par les Êtres Suprêmes.

Ainsi, **dans son état de mémoire fermée, l'homme agit non pas en conformité avec les souvenirs du passé** - bon ou mauvais, mais en conformité avec les qualités internes de l'âme. C'est le plus important pour les Suprêmes. Dans les actions, ce n'est pas la conscience humaine qui intervient, pas son esprit, mais la qualité de l'âme.

La conscience est aussi en mesure de fermer ces qualités, d'autant plus que l'homme est capable de faire semblant, de tricher.

Certes, ce fait pousse souvent la jeune âme à commettre des actions d'ordre karmique, mais les qualités du résultat en soi, d'une situation à une autre, se perfectionnent à l'automatisme (positif ou négatif).

Chez les Personnalités Suprêmes, cela se passe d'une autre manière, mais elles aussi peuvent parfaire toutes leurs qualités à l'automatisme. Cela contribue à accélérer davantage le développement, lorsqu'il n'est pas nécessaire de passer du temps dans la réflexion sur le choix à faire: soit, faire cela, soit ne pas le faire. La qualité chez ces Personnalités est déjà apparemment parfaite, et donc ce qui aurait pu être résolu pendant très longtemps l'est maintenant instantanément.

La qualité, fonctionnant en mode automatique, permet d'économiser du temps dans la prise des décisions.

Aussi longtemps qu'il se construit, l'homme a le choix, et il est déchiré entre un tas de doute, passe beaucoup de temps dans la détermination de ce qui est préférable d'entreprendre, de ce qui est juste. À cause des doutes de l'homme, de son ignorance des choses, la qualité se construit pendant longtemps, même pendant plusieurs vies. Mais quand elle est construite, cela fait gagner du temps pour résoudre toutes sortes de problèmes et, d'agir automatiquement, ce qui signifie, presque instantanément, accélérant ainsi le processus de développement.

La qualité se construit toujours de façon juste, parce que la construction est réalisée sur la base légitime prévue dans la matrice. Mais, dans ces conditions, il se construit la qualité positive et celle négative. Ainsi, une personne peut posséder des qualités positives et négatives.

- - -

Au Carrefour du changement des races et des époques humaines, en présence de changement des cycles de développement, les Suprêmes mettent en marche diverses expériences, en vue d'accélérer l'acquittement des dettes pour les âmes retardées, ainsi que pour le perfectionnement des jeunes âmes, qui sont apparues tard dans le cycle de développement, et pour réparer la différence de progression entre elles et celles qui ont commencé leur évolution dans la forme humaine avant elles.

L'une des expériences suivantes n'est possible qu'au carrefour des différentes époques. Elle vise à accélérer l'amélioration de l'âme et est associée à des changements dans les données de sa mémoire.

Au passé de l'homme, les Suprêmes incluent de nouvelles données, qui leur sont utiles. Et ainsi, l'homme se rappellera non pas son passé présent, mais l'artificiel.

Qu'est-ce cela donne à l'âme?

Si l'homme se souvenait d'une autre vie, il se mettrait à utiliser les qualités de la nature humaine de cette vie. En d'autres termes, dans l'incarnation en cours, il utilisera les qualités qui ne lui sont pas propres dans son véritable passé. De même, l'acteur emprunte le caractère d'autrui, de la personnalité dont il joue le rôle sur scène, conformément au scénario. Et s'il entre réellement dans la peau de son personnage à ce rôle, s'identifiant complètement au héros, il finira par s'approprier son caractère.

L'utilisation du passé artificiel permet à l'âme de suivre plus précisément son programme et de mettre en valeur les qualités positives qui lui assurent un progrès significatif.

Dans ce passé artificiel et orienté vers un but précis, l'âme se trompe rarement dans des situations particulières et de d'autres choix. Ainsi, le passage d'options dans la vie sans erreur, contribue à une accélération significative dans le développement, puisque l'âme n'a plus besoin de passer son temps dans la correction des erreurs. Ce fait constitue une sorte de leçon sur l'exemple de quelqu'un d'autre. Dans ce cas, l'âme tire des leçons d'un autre passé qui est pris pour sien.

Après élaboration des qualités désirées, le passé artificiel s'efface, et il ne reste que ce qui est son bagage personnel.

- - -

Chapitre 3
LES NIVEAUX DE DÉVELOPPEMENT

Certains sont nés intelligents, d'autres stupides; certains talentueux, d'autres, nuls. Quelle est la cause de l'opposition des qualités humaines?

La raison réside dans les différents Niveaux de leur développement et les différents Niveaux apparaissent à la suite du passage des âmes par un plus grand nombre d'incarnations, d'autres, à un degré moindre. Il est clair que celui qui vit plus de vies, acquiert plus d'expérience, ce qui favorise le degré de développement de son âme. Si l'âme vit sous forme humaine la première vie, alors d'où elle obtiendra l'intelligence et les talents? Cela se fait par un travail systématique.

Mais, essayons de voir de plus près comment le développement se produit et comment se manifestent les différences entre les âmes. Arrêtons-nous sur les âmes qui commencent leur évolution depuis le plan terrestre: certaines d'entre elles passent leur stade de développement à travers les plans terrestres, à partir de minéraux, alors que d'autres commencent directement par le stade humain. Pour les premières, avant l'incarnation de la matrice sous la forme d'un homme, elles auront déjà compilé une certaine énergie et élaboré quelques qualités, tandis que pour les secondes, la matrice sera vierge, mais grâce à l'apport d'énergie supplémentaire fait par les Suprêmes, elles pourront se développer plus rapidement que les premières, et les dépasseront intellectuellement aussi. Les deux sous-espèces d'âmes similaires de type terrestre vont différer qualitativement, mais elles commenceront toutes par un développement du premier Niveau de la hiérarchie humaine. Cette hiérarchie se compose d'une centaine de Niveaux, pour ainsi dire, le chemin de la perfection sera long et difficile.

Quelle est l'essence du développement de l'âme humaine du point de vue de l'évolution de la Création? La raison principale du développement de la forme individuellement prise, est l'accumulation de différents types d'énergie par l'âme, ce qui génère son potentiel énergétique (potentiel d'énergie).

Toute l'évolution de la Création est basée sur la croissance du potentiel énergétique de toute forme spiritualisée. Cela vaut également pour l'homme. Plus l'homme accumule de l'énergie dans ses matrices et dans ses enveloppes subtiles, et plus, son Niveau sera élevé.

Quel est le but d'attribution des Niveaux dans le développement de toutes les conditions de vie?

Les Niveaux représentent un système de mécanismes spécifiques d'énergie subtile des structures de toutes les formes spiritualisées, des états, des substances, qui comprennent une séquence et une orientation des structures de faible énergie jusqu'à la plus haute.

Chaque Niveau se compose d'une gamme spécifique d'énergies, ayant une orientation commençant par la plus basse, située à la base de la pyramide de la hiérarchie de leur développement, et jusqu'à la plus élevée, située au sommet de la hiérarchie. La présentation du Niveau de développement sous forme de pyramide est un schéma conditionnel, laquelle permet à l'homme de distinguer le sens du mouvement de l'évolution. De manière imagée, les Niveaux peuvent être présentés pour une meilleure compréhension selon un schéma d'étapes sur lequel toute créature progressive s'élève.

La gamme d'énergies du Niveau, dans l'ensemble, crée sa moyenne de potentiel énergétique, le potentiel énergétique du Niveau.

Chaque Niveau possède sa propre limite supérieure et inférieure de potentiel d'énergie, autrement dit, il n'est pas constant lors de son mouvement à partir de ses couches inférieures vers les supérieures, mais change tout le temps, ce qui crée un sens de déplacement du bas vers le haut. Dans la gamme d'énergies du Niveau, chaque type d'énergie est situé dans une dépendance hiérarchique, du fait qu'il (le type d'énergie dans la gamme globale) a son propre potentiel d'énergie. La dépendance hiérarchique exprime une séquence stricte de la disposition de l'énergie sur la base de sa performance énergétique.

Tout type d'énergie est doté de son propre potentiel, lequel est l'indicateur clé pour la distribution de Niveau dans la hiérarchie. Cet indicateur permet à chaque type d'énergie de se placer en correspondance avec la taille de son potentiel au sein du système global de potentiel énergétique de cette gamme d'énergies.

La distribution d'énergie selon leurs potentiels est construite de telle sorte que jamais un potentiel énergétique inférieur ne soit en mesure d'être au-dessus d'un potentiel supérieur. Cette logique est une constante pour le développement évolutif de notre Création. Elle est intangible.

Une telle structure de Niveaux permet à chaque âme (ainsi qu'à tous les types d'énergies) d'occuper automatiquement sa place dans la hiérarchie, à laquelle elle correspond selon la taille de potentiel d'énergie. Cela crée un ordre et la systématisation de toute vie et de tout monde.

Les âmes de potentiel d'énergie plus faible ont le premier Niveau dans la hiérarchie des humains, correspondant au potentiel d'énergie des âmes animales.

Le développement est réduit au gain par l'âme de plus en plus de potentiel d'énergie, ou, plus simplement dit, à sa croissance. Ainsi, ce gain se fait par voire de participation aux différents processus du monde dans le cadre de situations de vie de cette forme. Le minéral accumule son potentiel d'énergie grâce à son plan d'existence, qui est inclus dans son programme de développement; la plante, par le biais de son existence, et l'oiseau, par le biais du sien.

Le niveau de développement comprend un ensemble de mécanismes qui permettent à la forme de passer par une étape de perfection, de les utiliser pour obtenir une qualité souhaitée et un potentiel d'énergie correspondant.

Chaque niveau a son propre ensemble de méthodes et de mécanismes de développement. Toutefois, puisque nous nous intéressons à la progression de l'âme humaine, nous allons considérer les mécanismes qui contribuent à son rehaussement dans la hiérarchie de l'humanité. Ces mécanismes comprennent les situations, les actions, le programme, les qualités, le désir, la tentation, et ainsi de suite. (Les minéraux ou les planètes dans l'amélioration de leurs âmes utiliseront des mécanismes complètement différents.)

LES MÉCANISMES DE NIVEAU DE DÉVELOPPEMENT

Le monde terrestre par rapport au plan subtil Supérieur est subordonné, d'autant plus que dans la Création tout est établi de telle sorte qu'un Niveau supérieur contrôle un inferieur sous tutelle et prend soin de son développement. Le plan physique est lié au monde subtil par des processus énergétiques différents. Les Suprêmes nous envoient certains types d'énergies que les formes vivantes transforment en d'autres types d'énergies, et après sous forme traitée, retournent aux Systèmes hiérarchisés.

Par conséquent, la forme d'existence et tout le reste sur Terre, sont contrôlés par les Suprêmes, et sont régulés en fonction de leurs propres objectifs de développement.

Pour chaque forme d'existence, les Suprêmes, contrôlant le plan sous-jacent, élaborent des méthodes et des mécanismes qui leur permettent de se développer et de s'élever du monde plus bas vers le plus élevé. À ces fins, un milieu d'existence est créé, et périodiquement les Suprêmes y apportent des changements appropriés. À une plus petite échelle pour la forme humaine d'existence, de tels mécanismes fonctionnent sous forme de programmes, qui comprennent une variété leviers pour l'amélioration de son âme. Ces programmes comprennent les situations de la vie, le désir, l'action, la tentation. Commençons par examiner le rôle du programme dans le développement humain.

Programmes

La hiérarchie humaine est constituée d'une centaine de Niveaux de développement.

Chaque Niveau a été conçu par les Suprêmes avec application de leurs énergies plus élevées dans la conception d'énergies d'un certain spectre dans le cadre de situations de la vie d'un individu. Mais pour être plus précis, les différentes situations unissent les hommes par dizaine de Niveaux, à savoir, des individus du premier au dixième Niveau participeront à des situations similaires. Mais puisque tous les programmes sont écrits pour une application individuelle et dans diverses combinaisons de situations dans la vie, ce fait rend la vie de tout individu particulier, et unique en son genre. Cependant, après un examen approfondi d'un certain nombre de personnes, on trouvera une similitude commune de sorts dans les principaux détails de la vie. Cela signifie qu'ils se développent par un même type de programme.

Le programme attribuera à l'âme le premier Niveau, aussi longtemps que cela prendra pour atteindre le sommet du premier

Niveau de potentiel énergétique maximal. Après cela, elle passera au deuxième Niveau de la hiérarchie humaine et commencera à parfaire les objectifs et les types d'énergies de gamme supérieure suivants, en continuant à renforcer ses capacités.

L'homme compile son potentiel grâce à la mise en œuvre des différents programmes qui lui sont écrits par les Personnalités Suprêmes. Dans ce cas, Ils établiront communément le développement individuel de la personne avec les besoins énergétiques du Système auquel il est associé dans le monde subtil, ainsi qu'avec des objectifs plus élevés, préétablis par Dieu.

Ce schéma de liaison existe pour tous les Niveaux du développement humain.

Certes, cette personne, d'âme jeune ou mature, ne sait pas dans quelle direction elle devrait être, se perfectionner. L'homme ne peut pas savoir quelle qualité des cellules de la matrice a déjà été établie, et quelles sont celles nécessaires pour continuer à construire jusqu'à la fin, et donc pour cela il a besoin du programme pour améliorer le sens de la perfection. Toutefois, les Suprêmes prennent en compte le désir de l'individu (si elle est déjà une âme bien développée) de se développer en ces qualités ou en d'autres, mais en même temps, ils disposent de méthodes d'imposition stricte de tous les domaines de perfection.

Par exemple, en raison du décodage de beaucoup d'âmes, les Suprêmes ont besoin d'orienter un certain nombre de nouvelles âmes dans le développement de ces qualités qu'ils perdent avec les âmes détruites. Les âmes sont décodées, mais leurs qualités demeurent ultérieurement nécessaires au Système hiérarchique et à la Terre. Ces derniers ont aussi une démarche telle que la préparation du personnel nécessaire, lequel comprend le type d'activité et les qualifications. Par conséquent, les Suprêmes, selon leur gré, et pour des Systèmes divers, peuvent préparer les cadres nécessaires et ainsi donc leur assigner des programmes stricts appropriés. Ainsi, par exemple, le Système qui s'occupe de la structure planétaire, a besoin de spécialistes dotés d'un ensemble de connaissances spécifiques, alors que le Système qui s'occupe de la création de paysages naturels de la planète, aura besoin de professionnels possédant un ensemble de connaissances différent.

Il y a toutes sortes de Systèmes de premier Niveau dans la hiérarchie de Dieu, spécialisés dans diverses activités liées au Cosmos. Chaque Système hiérarchique fait une requête à l'avance, quant au type de plan de spécialistes et en quelle quantité, qui lui seront nécessaires pour développer sur Terre parmi les âmes humaines.

De tels besoins et objectifs du Cosmos restreignent la liberté du développement humain. En fait, il a la liberté de choix uniquement dans le sens établi d'avance d'En-haut. Mais cette liberté est également limitée du fait que l'homme ne comprenne pas parfaitement et ne choisisse pas ce qui lui est utile, il se trompe souvent et est soumis à son égoïsme.

Le pourcentage maximum de liberté de choix dans le programme, pour les mêmes raisons, ne doit pas dépasser 30 pour cent. Mais pour la plupart des individus, ce choix est plus insignifiant et s'élève seulement à 5-10 pour cent. (Cela concerne seulement les âmes dont le développement est positif). Les âmes qui se développent dans le sens négatif, ne sont généralement pas pourvues de liberté, et doivent suivre le programme unique, lequel n'inclut pas de notion telle le «choix» en quoi que ce soit.

Le tout ne forme que des tendances générales.

La présence de programmes dans toutes les formes de vie montre que tout dans notre monde est sous le contrôle des Suprêmes, et reste changeable à leur gré, et se modifie périodiquement aussi selon leur désir.

Les programmes de l'existence humaine sont conçus selon les situations.

Les situations sont élaborées par séquences selon le programme qui a été développé par les Maîtres Suprêmes de l'humanité, ou plutôt, les hautes Personnalités spécialisées, travaillant dans la programmation. Seul les Suprêmes sont en mesure de voir ce que l'homme devrait travailler, sur quelles énergies doivent être accumulées dans la matrice ou quelles qualités doivent être perfectionnées, pour que des anciennes gammes d'énergies, on puisse passer à de  nouvelles gammes. Et cela nécessite un changement constant des situations, certaines d'entre elles sont exclues, et de nouvelles sont ajoutées afin que l'âme puisse commencer à assembler des types d'énergies supérieurs du Niveau suivant. Tout est régi par les situations de vie.

Au cours de plusieurs incarnations, l'âme, en passant par différentes situations de vie, pourra se parfaire, ayant accumulé une énergie de qualité dans sa matrice, augmentant ainsi son potentiel énergétique.

Comme mentionné ci-dessus, chaque Niveau terrestre correspond à un potentiel d'énergie inférieur, minimal et supérieur, maximal, pour un stade donné de développement. En remontant au Niveau supérieur, l'âme ayant le plus grand potentiel au premier niveau, passe dans la catégorie d'âmes ayant un potentiel minimal au Niveau suivant. Et ce sera ainsi à tous les stades de développement. Quand l'homme atteint le plus haut Niveau de la hiérarchie humaine, il passera au plus bas niveau de la hiérarchie Divine, et sera à nouveau parmi les débutants et jeunes âmes, mais cette fois dans un monde différent. Ces transformations se produisent sans cesse: dès que l'homme atteint le plus haut rang d'un niveau, il reviendra à un rang inférieur du niveau suivant, et l'ascension continuera son cours. Cela peut sembler paradoxal, mais c'est en cela que se trouve l'essence de la motivation à l'amélioration de l'âme.

Un Niveau de la hiérarchie terrestre est parcouru par la jeune âme en plusieurs incarnations, mais pas en une seule vie, car il est impossible de construire une âme inexpérimentée d'une certaine qualité en une incarnation.

L'âme de l'ancien animal transféré dans le monde humain, commence son évolution par le développement de la gamme basse d'énergies du premier Niveau. Pour cela, elle est placée dans un environnement approprié (social, naturel), et sa vie est soumise à des situations particulières qui ont été calculées technologiquement et élaborées pour l'assimilation de sa part de types de faibles énergies désirés, lesquels rempliront les cellules de la matrice.

Mais, le fait que l'âme est placée dans le plan d'existence correspondant, ne suffit pas pour qu'elle accumule pour elle-même les types d'énergies désirés. La jeune âme ne sait pas ce qu'elle devrait faire. Et pour que la matrice de l'âme soit construite selon les besoins, elle a besoin d'un programme qui ne comprend que les situations qui vont élaborer ses cellules de types d'énergies nécessaires.

Seuls les programmes sont capables d'inclure l'âme dans le processus de traitement du type d'énergie requis, suite à quoi l'âme commence à se construire dans les qualités de Niveau donné.

Mais pour que cela se passe, par son programme l'homme rejoint les structures holographiques, lesquelles assemblent les tableaux de la société. En d'autres termes, son programme est associé au programme de la couche sociale dans laquelle il est placé.

Cette structure holographique comprend des événements auxquels l'homme prendra part. Les situations inscrites dans son programme de vie, à travers les cartes holographiques, se joignent aux situations de d'autres personnes. Cela permet à l'homme de se comporter d'une certaine façon ou de faire un quelconque choix. Étant dans des situations holographiques, l'homme est dans un mécanisme qui le force à exécuter certaines actions ou d'autres, et ainsi de produire de l'énergie pour soi-même et pour les autres.

À la suite de la participation aux processus de traitement des énergies de ce plan, l'âme, se construisant en même temps, accumule l'énergie de sa gamme, qui formera en somme son potentiel énergétique.

L'énergie faible forme un petit potentiel d'énergie, car elle dispose de peu de puissance. Et plus le Niveau est élevé, et plus l'énergie en elle est forte, pour cette raison, le passage de l'homme d'un haut Niveau lui permet de gagner beaucoup plus de potentiel que dans les Niveaux inférieurs pour la même durée de vie (par exemple, en 60 ans).

Donc, des individus de différents Niveaux dans le même temps de vie, accumuleront des potentiels de puissances différentes de l'âme.

À titre d'exemple, pour faciliter la compréhension, divisons les hommes en trois catégories principales: inférieure, moyenne et supérieure.

Le Niveau inférieur, qui correspond aux situations basses de la vie, faibles désirs, tentations, punitions sévères.

Le Niveau intermédiaire, qui représente des situations de difficulté modérée, d'autres désirs (bien que les faibles désirs peuvent continuer à se manifester), les tentations, les punitions.

Le Niveau supérieur, des situations de la vie spirituelle, des désirs associés à la perfection spirituelle, des tentations de type spirituel, des châtiments spéciaux.

Au cours du passage au stade supérieur de développement, les situations de la vie changent à tous les dix Niveaux. Cela constitue le Système de développement de la vie quotidienne et sociale de l'âme.

Plus le Niveau s'élève chez l'homme, et plus les situations de la vie dans lesquelles il se retrouve, sont meilleures, et plus sa vie devient plus intéressante et plus variée, et les situations difficiles et moroses passent au second plan. Tous les bouleversements désagréables, les souffrances de type inférieur sont éprouvées par l'âme au Niveau inférieur de la hiérarchie de l'humanité (le séjour dans les camps de concentration, les prisons, les catastrophes, etc.) dans un objectif de mettre en place un certain nombre de qualités positives: la volonté, le courage, la capacité à surmonter la tragédie et la complexité de la vie, le sens de l'amour du travail, l'ingéniosité et autres.

La sortie des situations basses passe par le développement, plutôt que par la richesse. Chacun doit l'avoir à l'esprit, s'il a le désir de vivre une vie heureuse, belle et civilisée. Si un individu, afin de se pourvoir de meilleures conditions de vie, se met à courir après la richesse sans un développement spirituel et de bonnes actions, en fin de compte, il prendra le chemin du Système négatif.

L'amélioration constante de l'âme, le travail acharné dans le développement de tous les talents, pourra un jour le conduire au succès et au bonheur désiré.

Le développement par Niveau de l'âme dans la vie quotidienne et sociale, s'exprime dans le vécu de situations, correspondant à ce Niveau. Et plus le développement de l'âme est élevé, et plus celle-ci participe à la transformation de la matière du monde, et pour cela, il faut aussi des échelles, des connexions, et un style de vie correspondant, sans misère.

Ainsi, par exemple, un travailleur se retrouve dans certaines situations et n'est pas capable de travailler sur une grande échelle. Si on lui confiait de grosses sommes supplémentaires d'argent, il les dépenserait pour ses plaisirs.

Si dans sa situation de la vie, on place une âme d'ancien diplomate, elle ne sera pas en mesure de progresser, elle ne sera pas à l'échelle nécessaire, n'aura pas les liens, les ressources nécessaires, en d'autres termes, une telle âme ne peut pas se développer dans des situations de Niveau inférieur, ces situations ne correspondant pas à son Niveau.

Si l'âme du diplomate est remise à une situation de son Niveau, elle va commencer à se battre pour les intérêts universels de l'homme et pour cela il aura besoin de connaissances, et plus de fonds que l'employé simple. Elle aura souvent à prendre l'avion, rencontrer un plus grand nombre de personnes pour organiser des réceptions à certains objectifs, devrait être habillé conformément à sa classe, car cela représente déjà un Niveau de développement différent, et ce que l'âme de l'ouvrier ne remarque pas, celle du diplomate le remarquera.

En citant ces exemples, nous voulons montrer que le bien-être matériel est amélioré avec l'augmentation de son Niveau de développement. Mais en cela, il ne devrait pas y avoir d'excès. Ceux-ci représentent des dépenses excessives, ce qui pourrait conduire à des situations désagréables et des bouleversements de la vie, ainsi qu'à des tragédies. Il faut craindre les excès. Il faudra en payer le prix cher.

En outre, tout Niveau a ses propres actions spécifiques, ses désirs, ses tentations et ses châtiments.

Les actes

Chaque niveau correspond à un certain ensemble d'actions que l'âme doit maîtriser. Les actions sont incluses dans les situations. Toute situation est spécifique et est conçue pour faire fonctionner en elle certaines actions.

Par exemple, dans des situations de guerre, l'individu va effectuer de telles actions qui seront répréhensibles dans des situations de paix. Dans les situations de travaux d'agriculture, il ne pourra pas agir comme il le fait à l'usine, à savoir, dans son champ, il ne pourra pas moudre des pièces de machine sur la machine-outil ou travailler sur ordinateur, et à l'usine, il ne sera pas en mesure de creuser à la pelle et de planter des pommes de terre. Par  conséquent, la situation comprend des actions spécifiques qui sont typiques aux événements qui doivent se produire en elle. Les actions sont conçues pour fonctionner avec des types spécifiques d'énergies, et pour une accumulation dans la matrice de qualités du Niveau donné.

Le Système positif octroie à l'homme le droit de choix des actions qu'il désire accomplir: il pourrait faire quelque chose, ou ne peut pas le faire. La décision lui appartient.

Le Système négatif n'octroie pas à l'individu le droit de choix, mais l'amène à participer aux actions que le Système juge nécessaires à cette personne.

Pour les Êtres Suprêmes, tout est planifié, et systématisé selon la hiérarchie de développement: à quel Niveau appartient telles actions.

Par exemple, le plus important pour le premier Niveau de la hiérarchie humaine (Niveaux inférieurs de la vie), est le développement des formes de la vie quotidienne et la formation professionnelle. L'âme de l'ancien animal doit apprendre à vivre en famille, ce qui signifie qu'elle doit apprendre à compter avec les intérêts des autres membres de la famille, et ainsi aider les parents, à prendre soin de chaque membre de sa famille et être en mesure d'accomplir des tâches élémentaires. Un grand nombre d'âmes apprennent cela après plusieurs incarnations, jusqu'au stade où ces âmes apprennent à tisser des relations familiales et soutenir la famille afin qu'elle ne soit pas dans le besoin.

La famille enseigne beaucoup à l'homme, ainsi, tous les Niveaux passent par elle. Mais les exigences de haut Niveau à l'homme croissent, et il devrait être en mesure de comprendre dans les relations familiales de plus en plus de subtilités des interactions des personnes avec des caractéristiques différentes et de différentes catégories d'âge.

Du fait d'une longue accumulation des qualités nécessaires par l'âme, l'homme, commençant à maîtriser quelque chose au premier Niveau, continue à le faire aux Niveaux suivants, jusqu'à ce que tout le système de la vie humaine commence à changer.

Les actions importantes à maîtriser par chaque âme comprennent l'acquisition de compétences professionnelles. C'est l'aspect principal de l'éducation. L'âme de l'animal, qui jusque-là ne maitrisait pas quoi que ce soit, en passant dans une nouvelle forme d'existence, doit apprendre à faire des choses spécifiques, ce qui est très difficile et pénible, et naturellement, elle va s'y opposer.

La paresse de l'homme provient de l'état inactif de l'animal. Par conséquent, les jeunes âmes n'aiment pas travailler suivant la vieille habitude de l'animal. Après avoir mangé, l'animal préfère se vautrer dans l'herbe. Et automatiquement, l'âme continue de le faire lorsqu'elle passe à la forme humaine. D'où la nécessité de la faire travailler.

La motivation de la jeune âme au travail se fait par la force, par la punition ou par une stimulation, l'encouragement. Pour chaque âme, il faut une approche particulière, parce qu'il ne faut pas trop forcer, du fait que la punition peut devenir un frein à la continuation du développement.

Au cours de l'ascension, du Niveau inférieur au supérieur, l'âme passe de la maîtrise d'actions grossières (travail grossier, sport) au développement d'actions plus subtiles, qui incluent parfois des sentiments: c'est le ballet, la danse classique, la gymnastique. L'homme apprend la broderie au fil et aux perles, la couture raffinée de vêtements, apprend à construire des structures complexes, même de la Tour Eiffel. Ensuite, il passe à l'élaboration du plan mental, s'intéresse à l'activité de travail mental: enseignants, physiciens, mathématiciens, concepteurs de navires, d'avions, de fusées, écrivains et philosophes, scientifiques et économistes.

Tous prennent part à leurs situations et accomplissent des actions qui contribuent à l'accumulation des qualités dont ils ont besoin à leur Niveau de développement. Bien entendu, les actions spécifiques d'un comptable sont autres que celles d'un constructeur, même s'il peut sembler au premier abord que les deux réfléchissent de la même façon, et qu'aucune différence n'existe dans ce domaine. Mais penser à des choses distinctes, c'est participer mentalement à différents processus de création ou d'autres.

L'action de la pensée vient par la suite. La pensée de l'artiste participera à des activités positives du plan mental, et la pensée du programmeur prendra part à des actions négatives sur le même plan. Alors, les actions ne sont pas seulement du plan physique, mais aussi du plan subtil. Mais à quel homme confier quelle action concevoir pour une situation donnée, la décision vient des Suprêmes dans la préparation pour cela, un programme de vie.

Qualité

Le développement humain est un changement qualitatif. Sans cela, l'évolution est impossible. Tout change en ce monde, et tout change aussi en l'homme. Même au cours d'une même vie, il devient différent. L'homme vient dans ce monde étant une personnalité, et en repart sous une autre. Et ce sont ses qualités qui l'aident dans ces transformations.

Comme tout Niveau est un stade de développement, une personne qui le franchit change qualitativement : elle devient plus intelligente (elle maitrise), acquiert toutes sortes de compétences, la portée de sa compréhension s'élargit, à commencer par ses connaissances des scènes de la vie quotidienne, et jusqu'à l'échelle de l'univers et des mondes subtils. L'homme développé est capable, par exemple, de tout faire dans les travaux ménagers, alors que la jeune âme ne peut pas enfoncer un clou au mur. Et tout dépend de combien de niveaux de développement de l'âme qu'il a passés, et quelles sont les qualités qu'elle a maîtrisées.

Chaque Niveau a son propre ensemble de qualités que l'âme doit nécessairement maîtriser en étant à ce Niveau.

A chaque Niveau, il y a aussi des méthodes d'obtention de certaines qualités ou d'autres. L'homme n'a pas besoin de construire dans la matrice nécessairement toutes ces qualités, conçues pour ce Niveau (et il peut y en avoir beaucoup). Il a le droit de la liberté de choix et, par conséquent, le droit de mettre en œuvre diverses combinaisons de ces qualités. Une âme apprendra à travailler sur une machine-outil, à conduire une voiture, à faire du vélo, à réparer des fers à repasser, et une autre, située au même Niveau de développement, travaillera avec amour la terre, élèvera des poulets, des porcs, s'occupera de la culture des champs, fera pousser des pommes de terre, des tomates, des concombres.

Ils prendront part à de différentes activités et élaboreront dans la matrice des qualités différentes, mais avec suffisamment de zèle, pourront acquérir la même valeur de potentiel d'énergie et en même temps passer au Niveau suivant.

Ce qui signifie que des qualités différentes d'un même Niveau peuvent donner en somme la même valeur de potentiel énergétique. Et dans ce cas, il est important que chaque qualité de base soit élaborée par l'homme jusqu'à la perfection. Bien que, bien sûr, il arrive souvent qu'une personne ne veuille pas continuer à élaborer une certaine qualité, et alors elle se perd. Mais la tendance principale, pousser la qualité jusqu'à la perfection, ce qui signifie la construction d'une hiérarchie complète de cette qualité, demeure.

En général, l'homme construit la qualité à plusieurs Niveaux: il commence en un Niveau, poursuit dans l'autre, du fait que les qualités se construisent dans les cellules selon certaines lois de la construction de la matrice. Et les lois exigent une construction de qualité. Dans la cellule, passe une énergie pure de caractéristiques strictement définies. En cela, il existe des normes appropriées. Tout ce qui ne correspond pas aux normes du Niveau donné, est déposé dans les enveloppes humaines temporaires ou est immédiatement éjecté vers l'extérieur comme non conforme aux normes.

Parfois, une personne peut obtenir la possibilité de se construire également dans les qualités du Niveau supérieur, mais cela est faisable lorsqu'il s'en approche déjà.

Ainsi, tout Niveau possède son ensemble de qualités qui doivent être maîtrisées par l'âme; ses désirs, lesquels lui permettent de faire le choix des qualités, et le guident vers certaines actions. De même, le Niveau contient ses propres situations, qui impliquent technologiquement l'âme dans ces processus qui sont construits pour travailler avec la gamme d'énergies appropriée, et qui construisent les qualités de ce Niveau.

Mais il ne faudra pas oublier la présence de développement dans le sens négatif. Sur Terre, la perfection positive est mélangée à la perfection négative.

Les âmes qui sont au même Niveau et ont le même potentiel énergétique, peuvent être opposés les unes aux autres dans le sens du développement. Certaines d'entre elles peuvent appartenir au Système positif et se développer dans ses qualités, tandis que d'autres, au Système négatif et se développent dans des qualités opposées. Par conséquent, étant au même Niveau sur Terre, elles vont se développer dans différentes qualités.

Par exemple, deux programmeurs sont sous le contrôle de Systèmes de Création opposés. Les deux travaillent dans l'élaboration de programmes, œuvrent pour toute l'humanité, ils se perfectionnent, comme il le semblerait, dans les mêmes processus. Mais leur attitude morale est différente en tout. Le programmeur positif sera gentil, sympathique, aidera généreusement les autres, pour leur apprendre la science; mais l'individu négatif aura tendance à œuvrer rien que pour son bien personnel, sera indifférent, impitoyable envers les autres, il peut être rusé, égoïste, peut aspirer à un poste de direction, et en même temps va recourir à des coups bas, l'intrigue, la tromperie. Il ne connait pas la sympathie, la compassion et le calcul froid lui est inhérent.

Pour comprendre le processus de développement à un Niveau, nous donnons l'exemple suivant. Supposons que, dans les dix premiers Niveaux d'une âme quelconque provenant du monde animal, il est nécessaire d'acquérir une qualité, telle que le courage. Cette âme se retrouve parmi les autres créatures (personnes) et comprend mal beaucoup de choses, et donc aura peur des individus développés qui la dépassent en matière de potentiel énergétique.

Pourquoi les jeunes âmes ont peur de prendre la parole devant le public et prononcer un discours ou de chanter devant le public? Elles ont acquis peu de potentiel d'âme, et ainsi le potentiel global de la foule les étouffe. Mais le plus important est qu'elles n'ont pas mûri la qualité de courage. Et pour l'acquérir, l'âme devrait prendre part à de nombreuses situations semblables afin de surmonter ses propres peurs. Ainsi, la qualité de courage est progressivement accumulée.

Comment, par exemple, former une jeune âme aux batailles militaires?

Certes, elle a peur de tout, et il lui faut acquérir du courage. Pour cette raison, un programme est élaboré par les Suprêmes à son intention, selon lequel prendra part à plusieurs reprises à des combats. Elle a très peur d'une telle situation et ainsi chaque fois qu'elle passe à l'attaque, elle pourra surmonter la peur et acquérir la qualité de bravoure. Et quand elle aura enfin parfaitement maitrisé cette qualité, elle pourra alors passer au Niveau d'autres situations et commencer à construire une qualité d'ordre plus élevé, mais différente, sur la base de la même qualité.

Ainsi donc, l'âme peut être placée dans d'autres conditions: elle sera déjà un général, commandant des soldats de son état-major. Et là aussi, elle aura besoin de courage et de détermination pour diriger les soldats, afin de gagner le combat. Mais ces qualités vont continuer à croître en elle, à un Niveau supérieur.

Ou un autre exemple, l'âme, ayant acquis une qualité de courage, peut gérer une production de Niveau plus élevé et dans de nouvelles situations. Et pour la gérer, aussi, elle aura besoin de courage, de détermination, d'audace, parce qu'une seule action inappropriée peut conduire l'unité de production à l'effondrement complet et à la faillite.

Ainsi, nous voyons de quelle façon le courage simple peut croitre et atteindre un niveau de qualité plus important, de courage de gestion, de responsabilité au travail et de la vie des autres. Et nous pouvons voir aussi comment ont changé les situations avec le passage à un Niveau plus élevé: aller au combat avec une arme à feu dans ses mains est une chose, et de conduire des soldats ou une équipe d'ouvriers est tout à fait une autre chose.

Avec le développement de l'homme, ses qualités deviennent de plus en plus importantes. Aussi, s'élargit sa compréhension du monde autour de lui et d'autres personnes. Tout administrateur, enseignant, scientifique, philosophe, et autres personnes de Niveau suffisamment élevé, ont un grand ensemble de qualités très différentes, un potentiel énergétique élevé élaboré dans le passé.

Mais toutes les qualités ne peuvent pas se manifester ouvertement en une telle personne, parce qu'elles sont artificiellement dissimulées, dans un but de concentration de l'âme sur l'élaboration de nouvelles qualités d'un ordre supérieur.

Par exemple, citons un homme ayant travaillé dans le passé comme créateur de mode, artiste, et ayant acquis la qualité appropriée. Quand il devient directeur de théâtre, ces qualités ne lui sont plus nécessaires, alors il devrait se concentrer sur l'amélioration de la qualité de direction, et une maîtrise de l'expérience acquise. Par conséquent, les qualités du passé s'enferment en lui et cessent de se développer, alors qu'elles commencent à se manifester dans ses nouvelles fonctions, dans le goût artistique de haut Niveau.

Une telle personne est toujours élégamment habillée sans excès et extrême, ce qui est inhérent à l'âme jeune, qui n'a pas encore développé un goût artistique de très haut Niveau. De même, une telle personne est un connaisseur des beaux-arts, et ne laissera pas passer d'œuvres basses et de mauvaise qualité sur la scène de son théâtre. Autrement dit, ses attractions artistiques passent à une autre qualité, celle du connaisseur, de juré, d'enseignant, etc. Un tel homme aura toujours le sens du goût, le sens de la proportion et de la vision des autres, de leur compréhension et de leur capacité à utiliser correctement leurs forces et leurs capacités.

Souhaits

Les désirs contribuent à l'orientation de l'âme vers quelque chose de précis, forment des buts temporaires du mouvement de l'âme. Sans ceux-ci, elle ne sait quoi faire dans le monde des humains, et cesserait de lutter pour quoi que ce soit.

Les désirs humains changent avec le passage à des programmes d'un autre Niveau. Des désirs individuels et personnels, l'homme progresse vers le social. En cela, il est aidé par les qualités élaborées par le programme au cours de la réincarnation.

Chaque dizaine de Niveaux de développement dans la hiérarchie humaine, correspond à ses désirs et à ses aspirations, qui sont également inclus dans le programme en tant que guides qui aident l'âme à grandir et à aimer la vie. Sans eux, l'homme se transforme en robot, en zombie.

Nous ne devons pas oublier seulement qu'il y a des désirs positifs et des négatifs. Les premiers contribuent au progrès de l'âme, et les autres mènent à la dégradation. Par conséquent, une personne à tout Niveau de la hiérarchie terrestre doit choisir entre les deux. Le choix forme non seulement une variété de qualités en l'homme, mais aussi la prévalence dans la matrice des qualités positives sur les négatives, ou vice versa.

Le Niveau des situations change, en conséquence, l'ensemble des désirs. L'âme positive supérieure aura des désirs complètement différents de ceux de l'âme positive inférieure, ou négative.

Cependant, les désirs ne sont pas des associés éternels de l'âme. L'homme devrait les transformer en hautes qualités de l'âme, qui l'aideront à continuer à aspirer à des objectifs de développement utiles. Et au cours de la transition vers la hiérarchie de Dieu, les désirs disparaissent entièrement, et sont remplacés par d'autres mécanismes dans les programmes, orientant l'âme vers les objectifs souhaités.

Tentations

Le Niveau permet à l'homme de se parfaire dans des situations correspondant au degré de son développement. On pourrait croire que tout ici doit être orienté vers la progression de l'âme. Mais en fait, il n'en est rien de cela.

Il se trouve que le même Niveau dispose d'une large gamme de séductions, de plaisirs, de tentations, qui éloignent l'âme du progrès et contribuent à sa dégradation. Chacun d'eux intervient dans une situation de Niveau donné, spécifiquement pour que l'âme apprenne à faire le choix entre le bien et le mal, entre ce qui la conduit à la progression, et ce qui conduit à la dégradation.

L'essence du développement réside dans le choix entre deux opposés: le positif et le négatif. Quand l'homme fait face à un choix, en lui se déclenche la marche de l'esprit, des sentiments, la pensée se développe, ainsi que des qualités de caractère; l'homme commence à se former en tant que personnalité.

Le choix peut se faire non seulement entre des opposés, mais aussi parmi certaines qualités (choix de devenir charpentier, maçon, enseignant, économiste), ainsi qu'entre des bas et des hauts. (Par exemple, un musicien choisit de faire du «rock» ou de la musique classique).

Les âmes inferieures ne connaissent rien dans les domaines de développement et succombent souvent à la tentation et aux séductions qui les éloignent des chemins Divins de développement. Les jeunes âmes inexpérimentées prennent les tentations pour objectif à atteindre. Mais comme ce ne sont que des pièges tendus par le Système négatif, alors, il faudra pendant longtemps les faire sortir par le karma de ces pièges, et alors réparer par la voie de difficultés et de malheurs ce qui a été manqué dans le développement.

Quelles sont ces tentations séductrices?

Elles sont toutes bien connues depuis les temps anciens. Ce sont: le vin, l'argent, les femmes, toutes sortes d'excès matériel, les drogues.

Mais il convient de noter que chaque Niveau a ses propres séductions et tentations. Une âme assez développée ne se laissera pas tenter par ce qui est mentionné ci-dessus, car au cours du développement, elle a acquis à cet égard un certain nombre de caractéristiques stables. Mais une telle âme peut être tentée par autre chose: un poste haut placé, le culte des autres, certaines connaissances secrètes, le pouvoir. Une âme très développée peut être séduite par la découverte en soi d'un certain type de superpouvoir: clairvoyance, clairaudience, capacités extrasensorielles, don de guérisseur.

Ainsi, les tentations et séductions, séduisant les âmes et les détournant des chemins de la vérité, sont aussi réparties par Niveaux, et chaque âme est sujette à ses tentations, au regard de son Niveau de développement. L'âme doit apprendre à reconnaître ce qui le mène à Dieu, et ce qui le conduit au Diable, ce qui accélère son développement, et ce qui ralentit et peut la détourner dans le sens des situations karmiques. La découverte des qualités qui ne sont pas écrites dans le programme de développement à ce stade, flatte la vanité humaine, mais ne contribue pas à leur élaboration de nouvelles qualités. Par conséquent, il ne devrait pas parasiter sur l'ancienne qualité, mais former la caractéristique du prochain Niveau.

Dieu a besoin de personnalités stable avec de fortes qualités, et pour cela Il instaure des tentations et des séductions sur la voie du développement, afin d'identifier les faiblesses et les vermoulures dans l'être humain, et détecter les défauts de l'âme.

L'homme, ayant passé effectivement le stade d'épreuves par les tentations, est ainsi de valeur pour Dieu, et considéré comme étant un homme qui a traversé de terribles épreuves. Les tentations et la peur agissent en opposition, mais en même temps révèlent également les faiblesses de la nature humaine.

LES CYCLES DE DÉVELOPPEMENT DE LA PLANÈTE

Nous avons déjà parlé des caractéristiques de la perfection de l'âme humaine. Et à cet égard, que pouvons-nous dire au sujet de l'évolution de l'âme d'une planète?

C'est une autre forme d'existence que celle de la forme humaine. Elle a un autre plan d'existence. Et bien qu'à première vue, il semble qu'il soit visible à l'homme comme un monde physique, l'homme lui-même ne pourrait dire comment et grâce à quoi se développe l'âme de la Terre. En créant un habitat pour l'humain et le monde pour le déroulement des situations de sa vie, la planète cache ses propres caractéristiques, et l'homme ne peut comprendre comment elle fonctionne et dans quels événements lui sont vécus.

Pour comprendre au moins un peu la vie étrange de notre planète, posons-nous la question, à savoir, pourquoi le monde a besoin de changement d'époques?

Selon le calendrier astrologique, sur notre planète, tous les 2.160 ans, il y a un changement des ères. Récemment, l'ère des Poissons a cédé la place à l'ère du Verseau, qui est prévue pour les 2160 prochaines années.

L'époque, l'ère est un certain cycle du développement de la vie sur Terre, des cycles de développement non seulement de l'humanité, mais de toute vie sur la planète. Chaque organisme en croissance est directement lié par des flux d'énergie au Monde Suprême et à la planète elle-même. Il reçoit l'énergie des Plans supérieurs, la traite tout au long de l'activité quotidienne et après la transformation à l'intérieur, l'envoie à la planète. Les plantes lui transmettent certains types d'énergie, les microorganismes, d'autres types, les animaux, de troisièmes types, et l'homme, encore d'autres, etc. La planète reçoit cette énergie et, à son tour, la traite à l'aide de divers procédés de son Niveau.

Dans le même temps, absorbant la nourriture matérielle, créée et développée par la planète, les formes la transforment également, son spectre d'énergie physique en une nouvelle gamme, et renvoie vers le Haut le spectre déjà transformé. Ainsi, nous rappelons le schéma simplifié de rotation de l'énergie, agissant entre le plan physique et le plan subtil.

De ce fait, si la planète change le cycle de son développement, cela affectera de manière significative l'existence de toutes les formes de vie. D'autre part, les cycles sont associés à la mise en œuvre d'un nouveau développement et de nouvelles âmes, car ils sont nécessaires à l'avenir pour les structures hiérarchiques supérieures.

Les cycles, c'est une mise en œuvre de nouvelles énergies de notre planète, l'élaboration de nouveaux programmes et respectivement, la réception par les Systèmes hiérarchiques pour eux-mêmes, d'un nouveau produit sous forme de la même énergie de type nécessaire.

L'univers doit constamment être mis à jour et, par conséquent, être reconstruit. Et les cycles servent de référence à cette restructuration et à ce renouvellement. Avec chaque nouveau cycle, la planète reçoit des Suprêmes (à partir de son Système planétaire), une nouvelle gamme d'énergies, plus élevée que la précédente.

Les cycles sont d'actualité non seulement sur notre planète, mais partout dans le cosmos et dans l'univers, parce que tout évolue absolument, et il y a une nécessité de nouveaux processus créatifs, or, ils ne peuvent être construits que sur des transformations.

Chaque forme de vie a son propre cycle de développement, mais elles sont toutes liées les unes aux autres par certaines lois. Par exemple, un certain rythme de notre univers matériel définit le rythme de base à tout ce qui est individuel, et qui est à l'intérieur. De ce fait, dans l'univers il y a des pulsations, comme une grande inspiration, autrement dit, un apport énergétique, et une expiration, le renvoi d'énergie.

Toutes les planètes situées dans un univers donné, sont soumises à son rythme, mais en même temps, les planètes et les autres corps ordinaires ont des rythmes individuels de leur propre vie (elles sont connectées au rythme de l'univers par certaines lois). Pour la Terre, les limites du rythme sont le début et la fin des ères, des époques. Et le rythme lui-même dure 2160 ans.

Toutefois, c'est un petit cycle de développement. Dans le cycle de la planète on peut avoir plusieurs rythmes, d'autant plus que leur nombre peut être en multiple de quatre ou six ères pour une civilisation. Par conséquent, le deuxième cycle temporel de développement peut être appelée civilisation, la durée de leur existence. Notre Terre a connu un cycle de développement sans hommes et cinq cycles avec les hommes. Ainsi, chaque cycle a apporté dans la sphère de son existence de nouvelles étapes dans le développement et l'élaboration de nouvelles énergies, ce qui a contribué à l'ascension de son Niveau.

Chaque nouveau cycle de développement forçait la planète à

fonctionner avec une gamme d'énergies plus élevée (avec la participation directe des Suprêmes). Cela a contribué à l'évolution dans sa matrice de types d'énergie plus élevés que dans le précédent cycle de développement, ce qui a finalement conduit à une ascension de son Niveau d'évolution.

La planète elle-même s'améliore dans certains processus et activités intellectuelles, ce qui correspond à son plan d'existence.

Et puisque l'homme ne connaît pas encore une forme de vie, telle que l'existence planétaire, alors nous ne parlerons pas spécifiquement des situations qui lui permettent de se développer en certaines qualités. Il est important de comprendre que l'humanité aide la planète à travers son activité et son fonctionnement avec une gamme plus élevée d'énergies qui lui sont envoyées par les Suprêmes, à augmenter son potentiel d'énergie et à se déplacer grâce à elle vers un Niveau plus élevé, ou, comme nous appelons cette transition, la transition vers une nouvelle orbitale, soit un stade supérieur de développement.

Donc, pour une ascension en Niveau de la planète, elle a besoin non seulement de ses propres activités, mais aussi de ces mécanismes, qui sont inclus dans ses enveloppes subtiles. Et de tels mécanismes dans sa première enveloppe de biosphère est toute l'humanité, ainsi que la vie animale et végétale dans son ensemble. Mais ils interviennent seulement dans la transformation d'énergies, sans avoir d'incidence sur son intelligence, ni sur ses qualités spirituelles. Tout cela est élaboré par la planète au cours de sa participation aux situations de son Niveau.

L'intelligence humaine n'est pas à ajouter à l'intelligence de la planète elle-même, ou non plus considérer que le cerveau humain aide la planète à penser. Ainsi, on pourrait d'autre part penser que tout microbe dans le corps humain l'aiderait à être plus intelligent. Le microbe accomplit ses tâches dans le corps humain, lesquelles sont liées à son corps matériel, mais ne peuvent en aucun cas affecter la qualité de son âme. Cela revient à dire qu'on ne pourrait pas faire une addition de choses de dimensions différentes. Et il est donc nécessaire de connaître ce qui est proportionnel pour une forme d'existence, et ce qui l'est pour une autre.

Dans d'autres enveloppes de la planète, il existe d'autres formes et des conditions de vie qui contribuent à leur fonctionnement normal et rehaussent le Niveau de chacune d'elles. Et en somme, on obtient un rehaussement du Niveau global de développement de l'ensemble de la planète. Autrement dit, on assiste à une telle double fonction. D'une part, le Niveau de l'âme de la planète est rehaussé grâce à sa participation aux situations de son existence, et d'autre part, respectivement, en même temps sont rehaussés les Niveaux des corps énergétiques (enveloppes subtiles) de la planète, grâce aux mécanismes particuliers prévus dans leur conception. Autrement dit, la matière de la planète évolue en même temps que son âme.

LE PROGRAMME D'AUTO-APPRENTISSAGE

L'âme de l'homme commence sa prochaine étape de développement avec son incarnation dans une forme physique. Pendant un certain temps, elle devrait apprendre à gérer cette forme, chacune de ses parties à son gré, et à développer la capacité de se déplacer à l'endroit désiré dans l'espace. Car, étant dans le plan subtil (après la mort dans la dernière incarnation), elle se déplaçait d'une manière différente, en volant. Et, revenant sur le monde physique, doit apprendre à marcher, travailler avec ses mains, ce qui revient à dire qu'il lui sera nécessaire de maîtriser un certain ensemble d'actions.

A cet effet, en plus du programme principal de la vie humaine, il lui est attribué le programme d'auto-apprentissage, et le programme de création.

Le principe de fonctionnement du programme d'auto-apprentissage est basé sur l'imitation. Ce programme dispose d'un mécanisme d'enregistrement automatique des choses sur lesquelles l'âme prête son attention: les mouvements, la langue, les processus de création, etc. Ainsi de suite, jusqu'à ce que l'enfant apprenne à parler dans les conversations, ensuite il peut réussir à apprendre une langue: anglais, français, chinois et autres. Si l'on prenait un bébé d'une mère française, et qu'on le remettait à une femme chinoise, il parlera couramment chinois. Et si on le faisait après une quarantaine d'années, l'apprentissage de la langue lui serait très difficile, parce que son programme en ce moment-là commence déjà à fonctionner différemment et a des objectifs différents.

Le bébé est capable de parler dans toutes les langues du monde. Et la raison n'est pas dans ses capacités uniques en langues, mais dans la présence d'un programme d'auto-apprentissage.

Ce programme connecte le cerveau physique, certaines de ses sections, l'anneau d'impulsion, la matrice des concepts et des mots. Le mot doit être lié à l'image qu'il exprime, à travers la matrice des notions. Dans les premiers stades de la vie, le mot peut ne pas être associé à un sens qu'il porte, ce qui signifie que parfois son enregistrement se fait automatiquement chez l'enfant quand il regarde à plusieurs reprises quelque chose et entend simultanément le mot. Par exemple, les enfants répètent souvent les paroles de la publicité à la télévision, sans comprendre leur sens, parce qu'il y a eu une association visuelle et auditive. Un programme automatique d'enregistrement d'auto-apprentissage se met en marche. Et puisque cet apprentissage a été enregistré, l'enfant peut l'utiliser dans son vocabulaire plusieurs fois au hasard. Mais comme il n'y a pas d'autre jonction avec son contenu sémantique, alors il disparaît. La matrice du mot ne contient que le sens des mots.

L'homme dispose de mémoire temporaire, car aux premiers stades de la vie, il ne peut pas comprendre certaines choses. Les premiers sons et mots entendus par le bébé, sont enregistrés dans cette mémoire temporaire. (En fait, c'est une structure spéciale de plan subtil). Et l'enfant peut les parfois utiliser inconsciemment. Mais quand sa conscience commence à fonctionner, tout se passe différemment. Cette activité comprend une matrice de notions et de mots. Seuls les mots qui sont associés avec la conscience de l'enfant, passent de la mémoire temporaire à la mémoire permanente dans la matrice de Notions, et les mots passent dans la matrice de la Parole. Ensuite, tous les mots sont enregistrés dans la matrice de la Parole seulement à travers la matrice de Notions, c'est-à dire, après réflexion.

Chez certaines jeunes âmes, les notions ont été assez dures à assimiler, et pour cela elles ne sont pas capables de parler jusqu'à l'âge de deux ou trois ans. Mais ils sont dotés d'élaboration de notions figuratives améliorées. Chez certains enfants, le retard dans la prononciation des mots est associé à un programme spécial, selon lequel ils doivent d'abord apprendre à reconnaître les modèles du plan humain, et ensuite il se passe une association de ces images avec leur expression sémantique et sonore.

Jusqu'à l'âge de cinq ans, l'enfant se développe à travers l'imitation, puis se manifeste l'érudition. Autrement dit, pour les âmes qui ont passé plusieurs Niveaux, et qui ont une certaine expérience du monde de la connaissance, une matrice de notions est incluse dans les notions. Les vieilles notions se rattachent aux nouvelles, élaborées dans la vie jusqu'à l'âge de cinq ans. Cela vaut pour les représentants de la cinquième race. La nouvelle sixième race, tout cela se produira beaucoup plus tôt, car commencera la lutte pour l'accélération du développement humain.

Les âmes qui sont incarnées dans une forme humaine pour la première fois, seront pourvues de programme qui dictera strictement les  manières de base du comportement humain, et dans la première vie selon ce programme, l'âme élaborera les qualités initiales du comportement humain. Mais ces qualités seront déjà les siennes. En même temps, la même âme sera dotée de programme d'auto-apprentissage, qu'elle peut utiliser pour la production d'autres qualités de forme humaine d'existence au cours de l'imitation.

Il existe de jeunes âmes capables de commencer immédiatement à maitriser certaines qualités. Mais d'autres âmes au contraire commencent à développer rapidement de mauvaises manières: apprennent vite le langage grossier, les jurons obscènes, commencent en imitant les autres, à fumer, à cracher, à jeter des ordures partout, etc. Tout cela passe à travers le programme d'auto-apprentissage, du fait que les âmes choisissent différents modèles pour leur orientation.

Le programme d'auto-apprentissage fonctionne de différentes manières à différents âges.

Lorsque l'enfant grandit, le programme d'auto-apprentissage modifie la tactique d'apprentissage: il ne laisse plus un seul mot dans la mémoire de l'individu s'il n'est pas compris. Le mot doit être compris et associé à l'image qu'il exprime. Sans assimilation, ce mot n'est pas inclus dans la matrice des mots, et reste dans la mémoire temporaire de l'enfant dans le programme d'auto-apprentissage et disparaît avec le temps.

Par exemple, une tâche est confiée à un jeune spécialiste, qui consiste à élaborer une nouvelle structure. Il conçoit les premières esquisses schématiques, les analyses, mais quand il va dormir, un travail intense de pensées commence dans sa tête. Une variété d'options commence à défiler dans sa tête pour trouver des solutions nouvelles et innovantes.

Ce programme d'auto-apprentissage va l'encourager à chercher des solutions appropriées et mentalement faire défiler des dizaines d'options. Cela se poursuivra aussi longtemps qu'il n'arrivera pas à prendre la bonne décision. Une fois qu'elle sera trouvée, toutes les options de décisions inappropriées seront supprimées. Le film d'enregistrement automatique sera effacé, et passera à la préparation de la solution suivante. Ainsi, se passe la formation du jeune spécialiste dans le plan subtil.

Lorsque dans la tête d'un individu, tourne en rond des tâches ou des problèmes, à la recherche de solutions, cela signifie que, dans cette zone, il n'a pas de notions et de connaissances nécessaires, et donc se déroule leur élaboration par le biais de la pensée individuelle. La qualité ne se construit dans la cellule de la matrice que par de multiples répétitions de décisions concernant ces problèmes ou ces situations similaires. Tout ce qui est inutile est éliminé, puisque l'énergie de la pensée, générant la mauvaise variante de la décision qu'il prend, sera de qualité inférieure à ce qui est nécessaire pour construire la qualité dans la matrice de notions.

En cas de solution correcte, l'homme à travers l'activité mentale, produit l'énergie nécessaire pour le type de matrice et les caractéristiques, grâce auxquelles elles restent dans la cellule de la matrice des notions, élaborant ainsi la qualité requise.

La réponse à la tâche ou aux problèmes posés, est enregistrée comme résultat final de ce programme d'apprentissage. Pour cette raison, il devrait se produire une jonction de la bonne réponse trouvée par l'intelligence humaine parmi un ensemble d'options, avec ce qui est écrit dans le programme d'auto-apprentissage. La jonction donne une impulsion à la reconnaissance de la prise de la bonne décision et arrête dans le programme d'auto-apprentissage, la recherche ultérieure d'autres solutions. L'homme dans ce cas, comme il semble, enfin, est arrivé à la bonne décision.

Ainsi, fonctionne le programme d'auto-apprentissage à un stade ultérieur du développement. L'homme apprend à être spécialiste, et recherche lui-même la bonne solution. Grâce à la recherche, il construit la qualité du spécialiste ou une autre qualité.

Mais le programme d'auto-apprentissage fonctionne selon différents modes. Dans les premiers stades de développement, il fonctionne sur la base du mécanisme d'imitation qui est réduit effectivement à l'enregistrement automatique des actions que l'âme voit dans le monde extérieur à travers le comportement de créatures qui lui sont similaires. Le programme n'est ajusté que pour l'imitation d'une forme similaire à elle-même, c'est-à-dire que c'est le programme qui doit distinguer une forme similaire dans le monde extérieur, attirer l'attention d'un individu sur elle, et ensuite le mécanisme d'imitation est activé (déclencher).

Pour les âmes débutantes, il peut parfois se produire un échec dans la perception, et elles peuvent imiter l'animal. Mais ce sont des cas isolés. Pour les âmes moyennes et assez avancées, une telle défaillance ne se manifeste pas.

La prochaine étape du fonctionnement du programme d'auto-apprentissage commence après que l'individu avec l'aide de l'enseignant, a acquis les bases de quelques connaissances complexes qu'il ne peut pas apprendre par imitation, puis les utilise par imitation à un Niveau plus élevé de développement. Par exemple, il désire écrire des romans, mais s'il n'a pas appris les règles de base de l'écriture et de l'orthographe et de la structure de la phrase à l'école, alors il ne sera pas en mesure d'apprendre à écrire un livre de lui-même.

Le maître contribue à l'instauration de ces connaissances sur une base logique, et quand ces connaissances sont fermement ancrées au cœur des cellules de la matrice des notions, l'individu sera en mesure de

poursuivre l'auto-apprentissage par imitation. Dans l'imitation d'un autre, il apprendra à écrire des romans policiers ou des romans littéraires, des scénarios de films et des articles pour des magazines. De cette manière, il pourra se développer au cours d'une période donnée dans les arts créatifs.

Ou encore un autre exemple. L'enseignant apprend à l'enfant à jouer du piano. Un programme de création s'instaure, mais le programme d'auto-apprentissage cesse de fonctionner. L'oreille musicale n'est pas donnée à l'homme tout de suite en tant que produit fini, mais se développe progressivement comme fruit d'un travail de l'âme d'une vie à une autre. L'élaboration de la qualité de musicien, l'oreille musicale s'obtient grâce à un travail acharné, mais cette fois l'élaboration de cette qualité ne se produit pas par recherche, mais par l'enseignement du maître, lequel comprend les répétitions et des explications multiples.

L'enseignant partage ses connaissances avec l'étudiant et l'aide à maitriser la qualité souhaitée (dans ce cas, de musicien) en conformité avec les lois en vigueur à l'école de musique.

Le commencement de la qualité doit nécessairement reposer sur une base logique, pour qu'il puisse être utilisé à bon escient pour le développement futur. Sans bases logiques, il disparaitra d'ici la fin de la vie de l'individu, étant mal construit, et donc, défaillant.

Le programme créatif fonctionne de cette manière: d'abord, la personne doit apprendre les rudiments de l'art, dans lequel il veut réussir. Cela se fait à travers l'enseignant, à travers une certaine école de formation.

Dès que les bases élémentaires de qualité sont instaurées dans la matrice humaine, le programme d'auto-apprentissage peut alors se mettre en marche périodiquement, travaillant sur l'imitation. De manière analogique, est menée l'élaboration de toute nouvelle connaissance complexe.

Supposons qu'une certaine chanson plaise à un homme, il la chante, et puis après il l'oublie. Mais après un certain temps, apparaît à nouveau cette chanson et commence à défiler en sa mémoire. Un morceau de la chanson, un couplet ou quelques mesures se répètent dans sa tête. C'est ce que l'on appelle la mélodie obsédante.

Mais un programme d'auto-apprentissage se met en marche en elle également, son dispositif de mémoire se déclenche. Si la mélodie tourne à plusieurs reprises, certes, l'homme a fait une erreur dans sa reproduction, répète les fausses notes, mais l'enregistrement correct impose de trouver la note correcte dans ce morceau de musique.

La mélodie a commencé à se construire dans la matrice de la qualité, s'est achevée à un moment donné, et puis après il y a eu une rupture, et ainsi l'élaboration s'est interrompue, réclamant des détails corrects de construction. Et tant que l'individu ne répètera pas correctement la mélodie (et pas une seule fois), et qu'elle ne sera pas écrite dans la qualité de la cellule, elle (la mélodie) sera lue dans sa tête et jouée. A cette manière se forme une oreille musicale. C'est la reproduction précise des sons. Elle se construit dans la matrice des qualités à travers de multiples répétitions.

L'apprenant, ayant atteint la perfection de l'enseignant, commence à construire son talent futur à partir de zéro. Mais les lois de la construction de la cellule exigent son remplissage uniquement de hautes énergies, car des structures éternelles se font, dans lesquelles un défaut est inacceptable. Par conséquent, dans les structures subtiles de l'homme il y a de nombreux mécanismes déterminants de la qualité et ceux qui s'occupent d'énergies: certains rejettent ce qui est inutile, tandis que d'autres répondent aux normes, et acceptent dans les cellules de la matrice.

En raison de cette sélection minutieuse et des constructions précises, l'homme se voit contraint de faire la même chose, par exemple, apprendre des gammes ou du saut de la perche à une barre haut placée, avant de pouvoir produire de l'énergie de haute qualité, qui sera transmise aux cellules de la matrice, et sur sa base commencera la construction du premier Niveau de futur musicien de qualité, d'athlète ou d'une personne qui sait comment atteindre les objectifs fixés.

Les répétitions constantes par particules élaborent dans la cellule de la matrice la qualité souhaitée. Et pour cela, il y a certaines règles et normes de construction, selon lesquelles toute énergie de caractéristiques non conformes ne sera pas acceptée dans sa formation.

Absolument toutes les qualités se construisent par actions répétées. Ce fait est lié justement au tri strict d'énergie. Dans la vie d'une personne, ces qualités permettent de jouer tant bien que mal au violon, de jouer faux, de dessiner quelque chose de primitif, car en cela il y a encore certains éléments d'apprentissage, mais pour construire la qualité de tout cela, on choisit des miettes de compétences qui répondent aux normes de construction de la qualité exigée au Niveau de sa construction. Les exigences pour la construction de la qualité avec rehaussement de Niveau restent également élevées. Par conséquent, l'homme doit être en mesure de faire de mieux en mieux.

Mais après que, grâce à l'enseignant, l'étudiant a pu atteindre un certain volume de connaissances, et maitrise les actions en tant que technique de qualité, de savoir-faire, il obtiendra la liberté dans la création et le choix. La personne pourra déjà elle-même composer de la musique, développer une théorie, inventer une nouvelle technique. Donc, à partir du programme d'auto-apprentissage, il passe enfin au stade de sa propre création.

Mais l'homme devrait comprendre une chose importante, sans son propre travail minutieux. Il ne peut pas devenir grand architecte ou musicien de génie. De vie en vie, il va parfaire ses compétences avant qu'un jour les Suprêmes lui confient de concevoir la Cour de Pierre (Peterhof), la Sonate au clair de lune, de développer la structure d'un navire océanique puissant ou de faire une grande découverte dans le domaine de la physique ou la chimie. De telles missions sont déjà comme une récompense, comme un encouragement pour l'amélioration réussie de l'âme au cours des nombreuses vies antérieures.

- - -

Chapitre 4
LES NIVEAUX DE CONNAISSANCES

Tout homme a son Niveau de développement, et chaque Niveau correspond à un certain niveau de connaissances, qui comprend des informations de complexité spécifique et d'un certain volume. Étant à un certain Niveau, il est impossible de connaitre quelque chose d'infini, car les connaissances d'un seul Niveau sont limitées.

Plus le Niveau est bas, et moins la connaissance qui lui est attribuée: les types de sujets de connaissance. Chaque thème sera présenté dans un volume minimum et selon leur complexité, seront tous simples.

Par exemple, au jardin d'enfants, les petits sont dotés d'un certain Niveau de connaissances. Celui-ci détermine le nombre de matières que les enfants sont capables de maîtriser. Il s'agit du dessin, le modelage, l'étude de la poésie, la culture physique, la danse, l'étude de la flore et de la faune dans leurs généralités.

L'école représente un autre Niveau de connaissance, plus élevé que celui du jardin d'enfants. Le nombre de matières étudiées augmente et leur contenu s'approfondit. L'enfant commence à apprendre la chimie, la physique, la biologie, les sciences naturelles, la géométrie et la trigonométrie, l'astronomie, l'histoire, etc. Pour ainsi dire, au deuxième Niveau, apparaissent des connaissances qui ne figurent pas au premier Niveau.

Et si l'on considère un Niveau encore plus élevé, l'institut, alors les connaissances seront plus complexes par rapport au Niveau précédent, leur volume s'étend aux limites de la connaissance. Par ailleurs, on assiste à une spécialisation distincte dans l'orientation des connaissances: institut de médecine, génie de la construction, exploitation minière, aviation, construction navale, etc. Ce sont un ensemble de branches indépendantes de certains types de connaissances, qui n'existent pas dans les premier et second Niveaux.

Nous avons mentionné des exemples simplifiés qui permettent de comprendre la différence que fournissent les Niveaux des qualités des connaissances, leurs volumes et leur essence, car la complexité permet de s'approcher plus de la vérité.

Le Supérieur n'existe pas sous une forme simple. Et cette complexité dans le même temps exige la présence nécessaire de la connaissance de nouvelles informations, laquelle manque aux Niveaux inférieurs. De ce fait, le passage de l'homme d'un Niveau à un autre suppose de nouvelles capacités dans la connaissance.

À présent, passons du plus simple au plus complexe.

Nous comprenons que le développement humain comprend l'acquisition d'une expérience pratique, de certaines capacités qui permettent de satisfaire son essence spirituelle, ainsi que l'accumulation de connaissances sur la base de la compréhension des nouvelles informations. Dans cet article, nous allons aborder uniquement la question de la connaissance de l'information et de l'accumulation des connaissances. Dans le cadre d'une telle nécessité, nous pouvons dire que pour devenir une personne intelligente et bien informée, on a besoin de lire et d'étudier tout ce que l'homme voit. Il suffit de vouloir, alors ce sera possible en une vie de se rehausser dans le développement de l'intelligence à plusieurs Niveaux. Mais ce n'est là qu'une perspective apparente.

Nous nous posons la question: est-ce que l'homme est capable d'assimiler toute information et est-ce nécessaire d'étudier et de lire tout sans discernement?

Avant de répondre pleinement à cette question, nous attirons l'attention du lecteur sur le fait que chaque personne est pourvu d'une certaine sélectivité dans la connaissance: elle veut apprendre une chose, et rejette une autre, une chose est facile à assimiler, une autre reste imperceptible. D'où se manifestent de telles tendances en l'homme, pourquoi tout le monde ne voudrait pas apprendre la même chose?

Cette sélectivité est attribuée individuellement par le programme à l'homme. Ce programme lui confère les sujets de connaissance possibles. Après tout, l'homme n'appartient pas à lui-même complètement, il a été créé pour des besoins spécifiques d'Êtres Suprêmes et en conformité avec ces objectifs, devrait se former qualitativement d'une certaine manière, et non pas au hasard. Pour cette raison, chaque individu a une orientation de développement de qualité (après qu'il a fait son choix, soit, après 10 incarnations).

Les Suprêmes ont besoin de spécialistes pour travailler dans le Cosmos, dans les mondes de l'énergie. Et puisqu'ils ont leur production et des experts, il faut une certaine quantité et une certaine spécificité de connaissances. Tout cela indique que l'homme ne peut pas se développer de son propre gré, et n'importe comment, il devrait se parfaire en conformité avec les objectifs généraux de développement du Cosmos (ou plus précisément, du volume global de Dieu). Par conséquent, tout dans ce volume se développe selon des programmes, et les objectifs se manifestent en conformité avec les nouveaux besoins de développement.

Pour cette raison, l'homme lui-même se développe selon un programme qui correspond à son Niveau de développement, et par conséquent, comprend la solution aux problèmes à la hauteur de cette âme. Mais puisque nous nous intéressons à la façon dont se déroule le développement de la connaissance humaine, nous mettrons l'accent uniquement sur cet aspect.

Le programme attribue à l'homme quelques sujets de connaissances, et il peut choisir ce qu'il préfère. Pourquoi un individu préfère étudier les mathématiques, et un autre, la biologie, un troisième, la chimie?

Tous ces éléments sont intégrés dans leur programme, introduits sous forme de désir ou d'intérêt, lesquels sont les mécanismes qui indiquent à l'homme la direction dans laquelle il peut évoluer sur le plan de la connaissance. Ainsi, celui qui a comme but les mathématiques, va étudier le jour et la nuit tout ce qui a trait à ce domaine, et il est possible qu'il rejettera la chimie ct la biologie. Ces dernières matières lui paraitront ennuyeuses et sans intérêt, il sera totalement indifférent à l'égard de celles-ci.

Dans les premiers stades d'évolution de ces désirs qui orientent l'âme vers le choix d'une variété de domaines de connaissances, il peut y en avoir beaucoup, d'autant plus que l'âme ne fait que commencer à poser les fondements des connaissances du plan humain et a donc le droit de choisir les qualités futures de développement.

Par exemple, l'individu choisit la chimie et la musique. Dans cette incarnation, cette âme va se concentrer uniquement sur ces domaines, les étudiera avec assiduité et pourra accumuler dans deux cellules de la matrice les bases de ces connaissances initiales. De cette façon, l'âme commencera à construire deux qualités. Et puisqu'elle a déjà commencé à construire ces éléments, elle doit mener ces qualités à la perfection. C'est pourquoi, au cours des prochaines incarnations, une de ces qualités sera bien ancrée, par exemple, la qualité de connaissance de la chimie, et la qualité de musicien peut être poursuivie dans son amélioration selon son choix, ou peut ne pas être poursuivie.

Mais pour une extension de l'aspect cognitif, cette âme a besoin nécessairement d'un programme de vie suivant pour produire de nouvelles qualités, qui comprennent de nouveaux désirs, lesquels motivent l'individu à des domaines possibles d'étude. Le volume de connaissances maîtrisées au cours du développement s'élargit, car le nombre de qualités élaborées par l'homme, augmente. Autrement dit, les qualités entamées et déjà bien élaborées seront poursuivies par l'individu selon une option stricte afin de les mener à une fin logique. Ce sera l'objet d'une exigence d'En-Haut. Par conséquent, l'homme éprouvera un attrait irrésistible à l'égard de la connaissance correspondante, qui devrait être développée. Dans le domaine de d'autres connaissances, il éprouvera périodiquement un désir qui se manifeste, et qui disparait par intermittence.

L'homme a d'autre part, des désirs associés à la tentation, aux séductions, mais ils interviennent dans la formation de traits de caractère et dans le choix du sens de développement: positif ou négatif. Cette tendance ne fera également pas l'objet de description ici, afin de ne pas semer de confusion chez le lecteur.

Donc, nous continuons à parler des désirs qui le conduisent à la connaissance.

Les désirs sont inclus dans le programme humain comme mécanisme spécial pour le guider vers un but de développement souhaité ou possible. Et cela nous permet de comprendre pourquoi une personne est attirée par un domaine de connaissances et rejette un autre, pourquoi un homme voudrait faire du ballet, et un autre, faire de la boxe, pourquoi un individu aime l'astronomie, et un autre préfère la culture de nouvelles variétés de maïs. Tout cela constitue un ensemble d'options possibles de développement de certaines qualités.

Mais dès que l'homme mène l'élaboration d'une qualité à la perfection, l'intérêt pour ce domaine de connaissances s'affaiblit, parce que les Êtres Suprêmes suppriment ce désir qui correspond à cette qualité appropriée depuis le programme de l'individu. Et si le désir est éliminé, la personne ne s'intéresse plus à ces connaissances.

Grâce à l'introduction dans le programme du mécanisme des désirs d'aspirations, l'orientation de base dans la maitrise de l'information est régie, destinée à l'humanité. Cela aide l'individu à ne pas perdre vainement du temps dans l'apprentissage de ce dont il n'a pas besoin dans cette incarnation.

Ces erreurs ne sont autorisées que pour une jeune âme ayant une matrice encore vide. Celle-ci peut étudier un jour l'histoire, et le jour suivant, la théosophie, et le jour d'après, sauter à l'apprentissage de la technique d'élevage de carpes miroirs dans l'étang, et un mois plus tard, il décidera d'apprendre à construire une maison. Dans le cas où les bases de ces connaissances seront lancées en quantités et en qualités suffisantes, alors il sera également offert à l'individu de continuer à se développer dans la prochaine incarnation selon son choix.

Dans la nouvelle vie, cependant, l'homme peut ne pas les considérer, en raison du changement de circonstances. Autrement dit, il aura une attraction périodique vers ces connaissances, mais il préférera étouffer ses désirs, en se tournant vers autre chose. Pour cette raison, les connaissances qui n'ont pas été solidement ancrées, disparaîtront automatiquement plus tard. Tout ce qui n'a pas de continuation est annulé en tant que poids mort. Il ne restera que ce que l'homme va continuer à développer au moins à un certain degré.

Mais il faut noter que, compte tenu de la possibilité de choix, bon nombre de connaissances se perdent, et cela est dû au fait que l'individu dans une incarnation ultérieure ne continue pas ce qui avait été précédemment entamé, mais choisit quelque chose de nouveau. Et cela signifie également d'autre part que le temps passé dans l'apprentissage de quelque chose qui n'a pas été achevé, sera perdu à jamais,.. Mais cela ne se produit que chez les jeunes âmes, débutantes dans leur processus de développement.

Les âmes intermédiaires et supérieures sont déjà plus orientées, et peuvent mieux maitriser leur programme, et en plus, les Suprêmes les orientent plus précisément dans la poursuite du développement de la qualité initiale selon une option plus rigide du programme. En d'autres termes, il y a des options de programmes individuels au choix offerts par Dieu, et d'autres options sont tenues d'être nécessairement exécutées par la volonté d'En-Haut. (L'homme dira dans de tels cas «en raison de circonstances, je suis obligé de quitter la ville ou d'aller au travail», etc.)

Ainsi, les gens ne sont pas toujours libres de choisir le chemin des connaissances dans le monde. Mais les raisons peuvent se trouver d'autre part dans les capacités de l'âme elle-même.

Par exemple, la jeune âme n'est pas en mesure de connaître les informations des Niveaux supérieurs, même si elle avait ce désir, du fait que les Niveaux supérieurs comportent des connaissances sophistiquées, elle n'y comprendra pas grand-chose en raison de son manque de préparation. Toute connaissance doit être assimilée progressivement et de manière cohérente. Pour cette raison, si un individu n'ayant pas compris les rudiments des mathématiques, essayait de lire les écrits sur les mathématiques supérieures, il ne les comprendra pas et éprouvera de l'aversion quant à ce genre d'information. Les mathématiques seront pour lui un casse-tête chinois.

Mais dans le domaine de la connaissance, il existe une particularité invisible des yeux de l'homme ordinaire. Elle est liée au potentiel d'énergie des connaissances, à cette puissance qu'elles portent en elles. Après tout, les connaissances se construisent par l'énergie, sont évaluées pour correspondre à notre monde et pour différents Niveaux de développement.

Le potentiel de l'âme doit correspondre au potentiel des connaissances qu'elle étudie. Par conséquent, les connaissances ont plusieurs niveaux de répartition, soit, chaque Niveau d'un individu doit correspondre en potentiel au Niveau de connaissances, conçues pour l'étude par cet individu. Cela permet à l'âme de maîtriser progressivement les connaissances à la limite supérieure de son Niveau. La maitrise de ses connaissances et ses concepts contribue à renforcer la capacité du potentiel de l'âme et le passage au prochain Niveau.

Toute connaissance porte nécessairement en soi un potentiel d'énergie correspondant. De faibles connaissances portent un faible potentiel, et de hautes connaissances, un grand potentiel, puissant. De telles caractéristiques physiques agissent sur l'âme automatiquement, à savoir que l'âme inférieure éprouvera de l'aversion, un dégoût, non pas parce qu'elles portent une certaine laideur de sens, mais à cause de l'incohérence des caractéristiques physiques de l'âme et des connaissances, à savoir, une incohérence de Niveaux.

Les jeunes âmes ayant un propre petit potentiel, ont intuitivement peur du puissant potentiel, caché dans une autre chose: dans les connaissances, dans l'homme, dans les êtres du plan subtil. Un potentiel puissant les inhibe toujours et les repousse, et s'il se rapporte à des êtres vivants, alors la jeune âme se sentira déprimée en leur présence. Par exemple, les jeunes âmes après la mort de leurs enveloppes physiques, au cours de leur rencontre avec des Essences, qui les rencontrent à la fin du tunnel, elles éprouveront un sentiment de dépression et d'embarras, car ces Essences sont pourvues de grand énergopotentiel d'âme, dépassant leur potentiel de plusieurs fois. Cette crainte se manifeste dans différents domaines, y compris dans la connaissance.

Pour cette raison, les jeunes âmes ne peuvent pas assimiler une information complexe, car celle-là les repousse de son potentiel énergétique puissant. En fait, cela ne leur est pas nécessaire, car dans le domaine de connaissance, on ne peut pas sauter 3-4 étapes vers le haut, cela facilitera l'élaboration de concepts disparates et pour la plupart, incorrects, puisqu'une bonne compréhension est fournie seulement par des structures séquentielles dans la matrice, obtenues grâce à un travail systématique de l'individu.

Par conséquent, dans les études, la régularité et la cohérence sont d'importances majeures. Cela contribue à l'élaboration d'énergies selon la logique du Niveau d'énergies, la construction d'une qualité fiable et éternelle. Lorsque l'on essaie de sauter des étapes de l'évolution des connaissances, alors ces fragments d'énergie que l'on tente d'instaurer sous forme de concepts déformés dans sa base de données, ne pourront être assemblés en une seule chaîne de connaissance en raison des divergences des potentiels d'anciennes connaissances avec les nouvelles connaissances.

L'élève de première d'école de musique ne sera pas capable de jouer des œuvres destinées à la cinquième année, parce que dans les cellules de la matrice il y a un manque de connaissances et d'expérience qu'obtient l'âme lors du passage de la deuxième, troisième et quatrième année.

Les connaissances se construisent uniquement en séquences de niveaux dans l'ordre croissant. Tout le reste disparait de la matrice, et ne reste pas longtemps en l'homme.

Mais il faut apporter une précision, à savoir que l'aversion pour le bon chez l'élève, peut être l'œuvre d'une essence du plan subtil négatif, puisque les Essences négatives n'ont aucun intérêt à ce que l'homme apprenne quoi que ce soit de positif ou maîtrise ce qui pourrait contribuer à son progrès. Les Essence négatives s'intéressent plus à la dégradation de l'homme.

Une autre raison pour laquelle un individu peut éprouver une répulsion à l'égard d'une certaine connaissance, y compris ésotérique, est leur potentiel d'énergie élevé. Un potentiel d'énergie puissant de connaissances ésotériques ou d'autres, peut étouffer le faible potentiel d'une jeune âme, et alors elle manifestera du dégoût ou encore de l'aversion pour ces connaissances.

D'autre part, une personne peut également ne pas s'intéresser à toute connaissance, si elle est déjà entièrement élaborée dans son âme, et passer du temps dans les répétitions, n'aura pas de sens. Par exemple, l'individu a parfaitement maîtrisé la science de l'histoire dans sa vie précédente. Et si on lui proposait de nouveau d'apprendre cette matière d'une manière élargie, il pourra ressentir un manque d'intérêt de telles connaissances. C'est une preuve de signal que cette connaissance ne lui est pas utile.

Ainsi, l'homme ne perçoit que l'information qui correspond à son Niveau.

Le Niveau de perception des événements et de l'information est différent chez tout le monde. Mais cela ne dépend pas seulement du stade de développement, auquel se trouve l'âme, mais aussi de la qualité de son contenu ou, comme nous l'appelons, du composite de l'âme, de sa structure énergétique. Quelques âmes peuvent appartenir au même Niveau de développement, mais la perception de la même information, ou d'autre chose sera différente à cause de la différence de composite. Et donc, l'information lue, par exemple, ne sera pas exprimée de la même façon, mais chacune le fera en mettant l'accent sur les caractéristiques qualitatives qu'il a acquises dans l'évolution du développement.

Des caractéristiques internes de l'âme, de son composite, dépendent souvent des opinions des autres ou d'une information sur quelqu'un d'autre. Ainsi, un homme gentil va prétendre qu'autour de lui il n'y a que des personnes honnêtes, sympathiques; et l'individu ayant des qualités négatives du même Niveau, dira qu'autour de lui il n'y a que des canailles, des menteurs et des voleurs. Chacun, comme on le dit, juge par soi-même, soit, par ses qualités intérieures. Mais cela est propre seulement aux Niveaux de développement faibles. Ceux qui sont montés assez haut dans le développement et ont passé quelques Niveaux, et donc des qualités dans la matrice, sont capables de voir la variété de types de caractères dans le monde, et autres.

Étant au même Niveau, un individu va devenir positif, et l'autre sera négatif, parce que Dieu donne à chacun le droit de faire un choix, et dans les actions et dans les connaissances. Mais la liberté de choix et de la connaissance n'atteint que 30 % (pourcent).

Ainsi, nous pouvons tirer les conclusions suivantes sur les possibilités de la connaissance humaine:

1. Pour arriver à un Niveau plus élevé de connaissances, on doit maîtriser les connaissances de base de son Niveau.

2. La gradation et la suite logique des connaissances, c'est la connaissance du Niveau.

3. Toutes les connaissances ne sont maitrisées par l'homme que par le travail mental et l'activité pratique. La connaissance forme le potentiel d'énergie de la pensée. Plus les Niveaux de connaissances élaborées par l'homme sont élevés, plus la force de son esprit est élevée, plus son potentiel d'énergie et sa puissance sont élevés.

4. Plus le potentiel de l'esprit humain est important, et plus complexe sera l'information qu'il sera capable d'assimiler et plus important sera le Niveau de connaissances attribué par les Suprêmes.

5. Les nouvelles idées et les connaissances ne sont attribuées qu'aux âmes préparées, soit, à celles qui ont déjà acquis une certaine base de connaissances.

6. Les découvertes scientifiques et autres ne sont faites que par des âmes qui auront accumulé dans leurs matrices un Niveau approprié de connaissances spéciales.

Par ailleurs, chaque individu a une spécialisation des connaissances: l'un préfère les sciences humaines, et un autre, les mathématiques. De plus, ces tendances se conservent à tous les Niveaux. A cet égard, il est nécessaire de dire quelques mots à propos de la tâche des contactés, car les gens la comprennent assez mal. Ils pensent que tout contacté peut apporter toutes sortes de connaissances. Mais ce n'est pas le cas.

a) Premièrement, les contactés sont de différents Niveaux: l'un peut être du dixième Niveau, et un autre, de vingtième Niveau, tandis que le troisième est du centième Niveau.

b) Deuxièmement, ils peuvent être en opposition: l'un appartient au Système positif, le second, au Système négatif.

c) Et troisièmement, ils sont tous de qualités inégales, puisque la matrice de chacun d'eux se trouve une variété de capacités et de concepts.

Par conséquent, même lorsqu'ils recevront des Êtres Suprêmes la même information, chacun la traduira en langage humain selon sa propre impulsion d'énergie, avec une part d'imperfections. Plus le Niveau du contacté est bas, et plus l'inexactitude de l'information fournie sera grande.

Sur la base du premier point, le contacté de dixième Niveau ne sera pas en mesure recevoir de l'information de vingtième Niveau, car elle pourrait s'avérer trop complexe pour lui. Cela équivaudra au cas où un élève de première classe tentait de raconter un paragraphe d'histoire de dixième classe. Il se pourrait qu'il en dise quelque chose, mais ce serait une distorsion totale du vrai contenu du livre.

Et dans la distinction de l'appartenance du contacté à un Système cosmique positif ou négatif, l'homme doit le comprendre de lui-même, sur la base de la connaissance du bien et du mal, qui lui est accessible. Le Système positif retransmet par le biais de ses contactés les fondements de la morale et de l'éthique avec exigence de ne pas causer de préjudice à autrui, et porter secours à ceux qui en ont besoin. Ce Système oriente l'homme vers toute information liée à l'union, l'amour, le respect des lois de l'éthique.

Un Système négatif peut tricher, attirer par toutes les promesses qui ne seront jamais tenues; il tâche d'inciter à la confrontation les uns contre les autres, et en particulier, il cherche à éveiller chez l'homme l'orgueil, son sens de l'exclusivité. Bien que, certes, tout individu par la force de sa personnalité, est unique en son genre, mais il doit se comparer aux autres, afin de comprendre que cette exclusivité sur Terre est absolument propre à chaque personne, et donc il n'a pas à être fier de cette particularité.

Et comme indiqué au troisième point, en raison de l'orientation qualitative du développement et du maintien de l'individualité humaine, un contacté d'orientation humanitaire ne pourrait énoncer des formules et de l'information du contenu mathématique. Toute personne qui ne connaît pas la physique ou la chimie, ne sera pas capable de faire passer des connaissances pertinentes de ces matières, venant d'En-Haut. Ce serait comme si une personne essayait de traduire un texte de l'anglais en russe, utilisant un dictionnaire de langue française. Et c'est ainsi qu'il essaie d'utiliser le contacté. J'ai souvent entendu dire par certaines personnes que si elles avaient un contacteur, plutôt que de recevoir des informations vides de sens de sa part, elles auraient mieux su par lui les numéros gagnants à la prochaine loterie et aurait gagné le lot du million. Autrement dit, ils n'ont pas de compréhension correcte du travail de contacté et de son contenu qualitatif.

Pour que cette qualité soit appropriée, il est nécessaire d'avoir un contacté ayant des capacités mathématiques, et qui a étudié les mathématiques dans le passé et a atteint le plus haut Niveau dans ce domaine. Ensuite, le contacté doit être lié au département négatif dans la Sphère céleste, s'occupant de ces loteries sur Terre, autrement dit, ils organisent d'abord ces situations dans le plan subtil, puis les réalisent dans la vie terrestre.

Tous les gains sont conçus d'En-Haut. Par conséquent, personne ne pourra au juste par la voie d'un contacté dire quel est le bon numéro de loterie. Et s'il le faisait, et si c'est un homme du Système positif, il sera menacé par un grand danger en restant dans le camp de ses ennemis. Après tout, tout cela n'est que des spectacles, organisés par le Système négatif. Presque tous les gains doivent être finalement remboursés. Une exception existe pour les personnes ayant dans une vie antérieure accompli une bonne action pour les autres: s'il a fait don d'une maison à quelqu'un, a cédé sa part d'héritage au profit de quelqu'un d'autre, construit une école et un hôpital pour les pauvres dans une pure intention de bienfaisance, etc., mais ces personnes sont rares. C'est pourquoi, tout ce qui est acquis par l'homme, presque gratuitement, devra être plus tard remboursé. Plus souvent, le gain du gros lot se transforme en piège tendu par le Système négatif.

Mais revenons à nouveau au thème de contacté. Même eux dépendent du Niveau de connaissances. Aussi, chaque contacté est en mesure d'obtenir de l'information uniquement de son Niveau, et donc une telle connaissance n'apporte rien de nouveau et d'intéressant aux gens. S'il s'avère nécessaire de transmettre à la Terre de nouvelles connaissances complexes, alors dans le monde physique est envoyée une âme développée spéciale d'un plan très supérieur, ayant des concepts du Cosmos et capable de transformer correctement l'impulsion d'énergie en connaissance souhaitée.

Les découvertes et les grandes idées ne sont envoyées qu'aux âmes préparées. Les scientifiques, les inventeurs font des découvertes, parce qu'ils ont dans le passé, durement travaillé, accumulé une grande quantité de connaissances, lesquelles leur permettent de recevoir et de décrypter l'idée reçue d'En-Haut. Et si cette idée était transmise à des gens non formés, ils la déformeraient tellement, qu'elle deviendrait inutile ou incompréhensible de quiconque, et finira par se perdre pour l'humanité.

PAGE POÉTIQUE

Larissa Kartavtseva

Cœur

On dit que le cœur n'est pas vivant,
Que vivante, elle pourrait être,
C'est un organe, et rien d'autre,
Mais ne disons pas de bêtises.
Pourquoi alors de notre cœur
Nous disons: «palpite» ou «fait mal»?
Lorsque c'est mauvais, le cœur pleure avec nous
Ou nous parle sagement!
Et dans l'amour, il t'indiquera:
Dès lors, glacé, palpitant,
Le cœur te dira juste,
Ayant balayé les conclusions de la raison.
Eh bien, et si par hasard, le mal survient,
Il se dressera comme un mur, à ne pas contourner,
Ton cœur deviendra une pierre de verre,
Que tu voudras l'arracher de ta poitrine!
On dit que le cœur n'est pas vivant.
Oui, pour beaucoup, il est mort.
Sans cœur, avec une âme insensible
Parmi nous, il y en a encore bon nombre.
- - -
Un chemin difficile est à parcourir
Afin d'obtenir dans la vie le bien-être,
Marche, n'aie pas peur de quoi que ce soit au monde,
Ne pense pas que tout cela est une question de chance.

Mais il faut un frein, pour ne pas le déformer,
Enrichis le spirituel par intuition.
Lis plus de livres et peut-être,
Tu ouvriras l'école de Développement Supérieur.

- - -

Quand l'âme est sans doute jeune,
Elle aspire à la joie sans fausseté,
Elle vit, sans trop de difficulté,
Sans penser à ce qui se passera à l'avenir.
Les mensonges sont nombreux, et les tentations sont l'obscurité!
Et le Diable tend des pièges à tous,
Les erreurs karmiques ne sont pas les seules,
L'oisiveté et l'insouciance prennent place.
Es-tu sûr de vivre dans le droit chemin
Et rien à chercher désormais.
Mais quand tu ne trouveras pas le sens de la vie,
L'âme a toujours besoin de s'envoler!

- - -

Je dirai sans aucun doute:
Le danger dans la vie est permanent.
Plus rien ne plaît:
Ni la maison et ni la voiture au garage,
Et même si ta maison est comme Éden
Et s'il n'y en a pas de place pour les problèmes,
De la saturation tu fuiras,
Comme un enfant agité.
Ainsi, il est préférable d'attendre quelque chose,
L'âme a toujours besoin de s'envoler!
Que l'espoir ne s'éteigne pour le mieux,
N'aie pas «plus», et juste cela!

LA PROGRESSION DANS LES QUALITÉS NÉGATIVES

Les âmes provenant des mondes bas sous forme humaine, pour la plupart sont neutres. Leur qualité ne peut pas être prise pour base, qui pourrait établir immédiatement l'orientation initiale du développement. L'âme ayant transité par l'étape d'un lion ou d'une panthère, est pourvue de qualité d'agression, mais ces âme ne peuvent pas être considérées automatiquement comme étant négatives. Elles doivent appartenir au caractère neutre conditionnellement.

Avant de leur attribuer un statut de positif ou négatif, elles ont droit à dix vies dans la forme matérielle humaine, et vont être choisies la manière dont elles vont vivre cette vie, à laquelle dépendra quelle orientation elles vont prendre plus tard dans leur développement, sur la voie du bien ou de préférence pour le mal.

L'âme d'un ancien lion peut prendre la voie du sens positif, et l'âme qui a passé par le stade de mouton pourrait s'avérer négative. Bien que l'inverse puisse se produire. Tout dépendra de leur choix au cours des dix incarnations d'essai. L'âme est choisie sur la base des plaisirs, des actes, des séductions, des tentations, des désirs justifiés et injustifiés, elle va apprendre à gérer ses biens et les biens d'autrui, l'argent de d'autres personnes. Et tout cela aura une incidence sur la qualité de l'énergie alimentant les cellules de la matrice: ainsi, dominera la partie positive ou celle négative.

Toute âme est en mesure de se développer avec succès dans les qualités négatives, et positives. Mais comment cela se passe, et de quoi cela dépend, nous le verrons ci-dessous. Pour le moment, nous allons parler des Niveaux.

Sur Terre, au même Niveau de développement, on retrouve des individus positifs. Mais aussi négatifs.

La valeur du potentiel d'énergie de l'âme ne contient pas de marque, elle est neutre, mais la qualité des âmes dans ce contexte peut être de signe opposé. C'est pourquoi, un individu positif peut avoir exactement en valeur le même potentiel énergétique, que celui d'une personne négative, mais les deux appartiennent au même Niveau de la hiérarchie humaine.

Cependant, étant dans le même monde, ces individus se développent de différentes manières, selon des programmes des Systèmes d'opposition du Cosmos, et ainsi le côté qualitatif de leur âme ne sera pas le même (en somme, le contenu de l'une sera clair, et de l'autre, sombre).

Prenons l'exemple de perfection dans la profession d'enseignant. Deux personnes deviennent enseignantes d'école. L'un enseigne les langues étrangères, l'autre, les mathématiques. Ainsi, le premier au cours de ses premières années de travail dans sa profession d'enseignant élabore un bagage considérable d'énergie positive, et le second, une énergie négative accumulée dans la même profession.

Si l'on considère leur comportement dans la vie et de la société de tous les jours, dans le but de déterminer à quel Système appartient chacun d'eux, nous pouvons constater que tous les deux, en famille et en milieu scolaire, se comportent décemment, tâchent plutôt de vivre selon les lois de la morale de la société. Ce type de comportement montre que les deux appartiennent au Système Divin, sont des hommes de Dieu. Les deux vivent avec une gamme d'énergies claire.

Cependant, au même Niveau, mais qualitativement à une hiérarchie opposée, il existe des gens appartenant à la Hiérarchie négative. Ils peuvent aussi avoir exactement le même potentiel d'énergie quantitatif, mais du fait qu'ils sont faits d'énergie noire (ainsi, nous la nommons conventionnellement), alors ces personnes seront différentes par leurs qualités. Sur Terre, c'est assez difficile de les distinguer de l'homme de Dieu, mais dès qu'ils atteignent le potentiel énergétique le plus élevé du premier Niveau de la hiérarchie d'opposition, ils seront incompatibles avec les personnes du Système positif.

Les premiers Niveaux des hiérarchies de Dieu et de la Hiérarchie négative renferment des individus de mêmes potentiels, mais les matrices sont construites sur des types d'énergies opposés (claires et sombres), ce qui génère des qualités contraires au Système positif. Par exemple, les qualités opposées, le bien et le mal, l'avidité et la générosité, la compassion et la cruauté; et d'autres qualités divergentes, la créativité abstraite et numérique.

L'individu négatif de Dieu diffère de l'individu négatif du Diable par la présence dans la matrice d'énergies «claire et sombre», laquelle forme les qualités positives et négatives de l'homme.

Ainsi, chez les individus positifs se manifeste l'amour envers autrui, la pitié, la compassion, ils apportent à ceux qui en ont besoin, une aide désintéressée. Les individus négatifs ayant des qualités sombres sont enclins à la haine, l'indifférence, leur aide est toujours égoïste et ils n'ont qu'un but, celui d'utiliser encore plus autrui dans leurs propres intérêts. Pour eux, le sentiment d'amour est remplacé par la satisfaction des instincts animaux du corps, un désir égoïste d'être au-dessus des autres, en l'utilisant pour son usage personnel et ses plaisirs. S'ils vivent dans une société humaine mixte, ils imitent le peuple de Dieu, en se conformant à eux. Cela est alimenté par le Diable dans leur programme personnel, dans le but de les masquer parmi les individus positifs. Ce camouflage empêche les âmes jeunes et moyennes de les reconnaitre, et en conclusion, elles se retrouvent sous leur influence négative.

Le représentant hiérarchique du Système négatif utilise nécessairement chacun de ses sujets, non pas seulement pour effectuer certains travaux sur Terre, mais aussi pour corrompre le peuple de Dieu. Cet hiérarque les confond dans des situations de la vie réelle, créant des problèmes, modelant des tentations, séduisant par des plaisirs, poussant à enfreindre les lois et à commettre des actes immoraux.

Pour chaque individu positif, et tout au long de sa vie, il se confrontera à plusieurs reprises aux gens du Diable, qui les séduiront pour les conduire à la tentation et détourner du bon chemin, et pousser à commettre des erreurs. Plus le Niveau de l'âme est bas, et plus elle sera la cible des tentateurs, parsemés le long des années de la vie, de la jeunesse jusqu'aux derniers jours. Le meilleur ami de l'homme peut s'avérer être un serviteur du Diable, placé à ses côtés pour le corrompre. Si celui-ci tente toujours de le mener aux tentations, soit d'offrir de fumer, battre quelqu'un, jouer un sale tour à quelqu'un, convaincre de boire une bouteille de vin, proposera des profits par la séduction et d'autres choses du même ordre, cela signifie qu'il tente de toutes ses forces de le dérouter du droit chemin. Telles sont les méthodes pour entrainer avec lui des âmes vers le Système négatif. Cela représente la lutte cachée de deux hiérarchies opposées.

Dans le cas où l'homme commet beaucoup d'erreurs sous l'influence de séductions, ou encore, choisit de commettre des actes qui rempliront sa matrice d'énergie sombre dominante, une telle âme est cédée au Diable au moment de la séparation des âmes après la vérification des dix incarnations.

Par exemple, certains sports: arts martiaux mixtes, boxe, sont de bons fournisseurs d'âmes au Diable. La cruauté et la poursuite de grosses sommes d'argent génèrent des qualités sombres, non seulement pour ceux qui sont en difficulté, mais aussi pour les spectateurs qui aiment les combats sanglants, le spectacle sans pitié. Ces spectateurs accumulent également pour toujours dans la matrice de l'énergie sombre. Aussi, celui qui désire rester sur le chemin positif, devrait éviter les spectacles sanglants et cruels, c'est à coup sûr les portes vers les mondes du Diable.

Nous citerons encore un certain nombre de caractéristiques

propres au peuple du diable, générateurs d'énergies sombres. Celles-ci comprennent: la cruauté, la vengeance, l'intrigue, le manque d'affection, l'absence de sympathie pour les autres, le mensonge, la méchanceté, la cupidité, l'avidité, l'hypocrisie, l'égoïsme, la feinte, la prétention, la ruse, l'arrogance, le mépris des autres, l'obtention des résultats par tous les moyens, etc.

Mais en même temps, de tels individus peuvent être très intelligents, ingénieux aussi bien dans la bassesse, que dans la méthode; ils peuvent être très doués dans les sciences et être des spécialistes hautement qualifiés dans différents domaines liés au calcul et à la programmation, aux sciences techniques. Ils se caractérisent par une grande capacité dans les processus et dans la création, incluant les opérations de comptabilité.

Parmi eux, on trouve des constructeurs très intelligents, généraux, politiciens, dirigeants et personnalités publiques. Mais ils seront toujours qualitativement différents du peuple de Dieu. Et afin de les identifier, nous avons besoin de vigilance et de connaissance des qualités de Système négatif. Il convient de noter que bon nombre d'entre eux ne savent même pas à quel Système ils appartiennent eux-mêmes. On ne peut identifier cela que sur la base d'observations et de comparaisons aux connaissances acquises.

Les âmes jeunes et intermédiaires, qui ne distinguent pas très bien les différences entre le bien et le mal, imitent souvent les gens négatifs du Diable, c'est pourquoi on pourrait les confondre avec ces derniers.

Les âmes inférieures, qui ne savent encore rien, se fixent de faux objectifs (biens matériels, l'argent, le gain du gros lot et ainsi de suite), ayant pour référence le succès des individus négatifs dans la vie. Aussi, les objectifs mal choisis retardent leur temps de passage des stades de développement, pour ainsi dire, le séjour de l'âme sur Terre. L'imitation des individus négatifs par les jeunes âmes conduit au fait qu'on les prend aussi pour négatifs.

Toutes les jeunes âmes jusqu'à dix incarnations se développent selon le même programme de Dieu. La différence dans leur développement commence après le passage de dix vies, en d'autres termes, après leur tri d'après les qualités acquises dans les dernières incarnations. Ceux que Dieu garde avec lui, vont continuer à se développer selon plusieurs programmes et avoir la liberté de choix; et ceux que Dieu remettra au Diable pour leur comportement inconcevable et la dominance des qualités négatives prévalant dans la matrice, perdent complètement leur liberté de choix et vont commencer à se développer selon des programmes strictement imposés.

Le Système négatif en la personne du Diable impose à l'individu non seulement des actes, mais aussi des pensées, c'est-à-dire, des processus au cours desquels s'élaborent des qualités négatives dans la matrice. C'est pourquoi, on ne devrait jamais attendre la repentance d'un individu négatif (ce qui c'est un acte positif), qu'il remette tout en question, et change pour le mieux. Il ne sera jamais capable d'un acte positif sans intérêt matériel personnel ou alors il dissimulera cette intention.

De lui, on ne pourrait attendre de la générosité, de la compassion. Dès qu'il se mettra à manifester de la compassion à l'égard d'autrui, ce ne pourrait être que par cupidité, intérêts personnels ou par désir de paraître aux yeux de d'autres personnes sous une image de confiance. Tout cela est conçu dans son programme. Qu'il le veuille ou pas, dans certaines situations, il ne pensera qu'à la manière dont il pourra mettre des bâtons dans les roues d'autrui, et ainsi occuper sa place ou prendre possession de ses biens matériels: voiture, appartement, coffre-fort bourré d'une grosse somme d'argent. De tels individus négatifs élaborent leur système de supercherie à la population (car, ce sont des calculateurs de première classe), ce sont, comme on le dirait à la fin du XXe - début du XXIe siècle, des pyramides financières et autres, dont le but est de duper les gens crédules. De façon malhonnête, ayant recours au mensonge, aux assurances flatteuses, ils arrivent à se nantir rapidement d'énormes fortunes.

Les individus négatifs manifestent des émotions, des sentiments qui ne sont favorables qu'au Diable, car ce dernier est intéressé par le développement des qualités qui sont nécessaires à son Système: l'avidité, la cruauté, le calcul froid, l'hypocrisie, la ruse, la capacité de deviner le comportement de d'autres personnes dans leur démarche future. On met à leur disposition certaines situations dans lesquelles le programme les oblige sans détour (soit, sans possibilité de choix), à faire ce qui génère en eux des émotions et des sentiments, typiques aux individus du Système négatif. Lorsque quelqu'un a mal, l'individu négatif éprouve de la satisfaction, il lui est agréable d'assister à la souffrance des autres; tandis que l'individu positif éprouvera de la pitié, de la compassion. Si une personne venait de tomber, cela semblera rigolo pour le négatif, (la jeune âme aussi trouvera cela drôle, mais c'est par bêtise), alors que l'individu positif sera surpris par cette chute et se précipitera pour aider la personne à se relever. Dans des mêmes situations, les deux éprouveront des sentiments opposés. Et il est nécessaire d'apprendre à remarquer ce fait.

Nous pourrons citer un autre exemple. L'individu négatif occupe un poste de dirigeant. Son subordonné, une personne positive, accomplit mal sa tâche ou avec du retard. Le dirigeant, écumant de colère, se met à le réprimander. Il émane l'agression, la colère, et le subordonné est humilié, réprimé. Dans ce cas, le chef a élaboré en sa matrice, en plus de la qualité d'agression, un sentiment de supériorité sur les autres (ce qui est également une qualité du négatif). Il éprouve un regain de force, car il a aspiré de l'énergie nécessaire de son subordonné.

Il a fait ce qui était écrit dans son programme, et a acquis les qualités et le type de pensée qui sont nécessaires au Système négatif. Aussi, la jeune âme a acquis une expérience pour comprendre qu'on doit mieux travailler ou être plus discipliné. De cette situation, chacun a acquis une qualité unique pour soi.

Et si, à la place du directeur négatif, il y en avait un positif, il se comporterait différemment. Ce dernier aurait eu le droit au choix dans ses actions. Cela lui aurait permis de penser à la réaction appropriée dans ce cas: (1 variante) mentionner calmement les lacunes dans le travail du subordonné et lui donner des conseils sur la façon de les corriger; (2e variante), mettre à sa disposition un chef temporaire, lequel de manière cordiale l'aidera à améliorer ses compétences et corriger les lacunes au travail; (3e variante), avoir pu énoncer un avertissement et menacer de priver de récompenses, si le subordonné n'améliorait pas la qualité d'exécution de ses tâches en un délai donné. Mais dans tous les cas, un directeur positif ne se mettra pas à décharger sa rage meurtrière sur un autre et en obtenir de la satisfaction. Et si, à cause de la nervosité, il lui arrivait dans un état de crise de nerfs et qu'il cria sur quelqu'un, alors toute la nuit il aurait réfléchi sur son acte, en essayant de contrôler plus tard son incontinence, s'excusant (pour le manque de retenue, mais pas à cause de l'erreur du subordonné).

Parfois, à la tête de l'État sont placés deux dirigeants négatifs, et l'un est dressé contre l'autre, alors se déclenche une guerre. Les deux dans ce cas se développent dans des qualités négatives, d'autant plus que toutes leurs actions seront destinées à la destruction de l'ennemi, en réalité, de la population. Mais il y a une différence: l'un veut protéger sa population et son territoire, et l'autre veut envahir les biens d'autrui, étendre sa possession du monde. C'est pourquoi, l'un agit en tant que défenseur, et l'autre joue le rôle d'agresseur. C'est dans les subtilités du comportement humain, dans les nuances morales, qu'est caché le principal mécanisme de remplissage de l'âme de certaines personnes d'énergie pure, et celle d'autres, d'énergie sombre.

Dieu, lui aussi, a ses propres soldats, son système de protection. Par conséquent, l'individu négatif **qui se défend**, appartiendra toujours au système Divin, tandis que l'agresseur, sera du système du Diable. La différence est que l'individu de Dieu n'ira jamais attaquer autrui le premier (cette qualité ne lui est pas propre), mais l'individu négatif du Diable tentera toujours **d'attaquer** le premier avec justification ou sans justification. Les personnes négatives aiment provoquer tout le monde à quoi que ce soit: à des querelles, des combats, des guerres, des mauvaises actions.

En ce qui concerne les mesures de protection, celle-ci contribue à l'élaboration par l'individu d'énergie négative, mais propre, mais l'agression fait partie des énergies négatives sombres. Si la personne est en mesure d'anticiper l'attaque de l'adversaire et le mettre en garde par certaines démarches paisibles (méthodes économiques ou autres), alors dans le cadre de sa protection, il acquerra des qualités positives. Ainsi, entre le comportement des individus positifs et négatifs, il y a des nuances qui guident l'un sur le chemin de Dieu, et d'autres qui le conduisent sur le chemin du Diable.

LA PROGRESSION DANS LES QUALITÉS POSITIVES

Les âmes positives se développent selon un programme Divin, y compris un élément de choix. Pour elles, tout est question de choix: le désir (certains peuvent être accomplis, d'autres peuvent être réprimés au choix), les pensées, les tentations, les actes, toute action, le développement des sens. L'individu peut penser à une chose et une autre, opposée à la première. (Alors que les personnes de le Hiérarque négatif ne penseront qu'avec le  recours de ce qui est établi dans leur programme et de ce qui est profitable au Diable.)

Pour ce qui est des âmes qui se développent dans le Système positif, les émotions, les sentiments qui se manifestent en elles, sont aussi au choix, car ils dépendent des actions qu'une personne choisit dans des situations. S'il va selon son gré à un concert de musique classique, il y acquerra des émotions et des sentiments positifs; et s'il allait assister à un combat, il générera en soi des sentiments négatifs et des émotions d'agression. Et de cette manière, toutes les âmes positives pourront agir sur la base de leur propre compréhension et de leur volonté. Par ailleurs, un individu négatif n'ira jamais à un concert de musique classique, parce qu'il a dans le programme d'éducation d'autres émotions, et donc il préférera regarder un film de combat ou d'horreur.

Sur la base du choix fait, certaines âmes accumuleront dans leur matrice trinitaire, plus d'énergie positive, et d'autres âmes, de l'énergie négative.

Lors du passage d'un Niveau à un autre Niveau, les âmes qui se trouvent sous la tutelle du Système Divin, se comportent de différentes manières. Certains individus, ayant connu aux Niveaux inférieurs l'emprise du mal, de la cruauté et de l'injustice, se souviennent à jamais de cette expérience et tâchent par tous les moyens de se tenir à tout ce qui est positif. Le but de leur vie deviendra le choix des tendances positives d'amélioration dans les situations diverses de la vie. Ils respecteront les instructions des âmes plus anciennes, compareront, superposeront, identifieront les conséquences d'actions ou d'autres, et choisiront pour eux-mêmes ce qui les construit seulement de manière positive.

Ils apprennent consciencieusement une profession qui contribue à leur sécurité financière dans la vie, et donc continuent d'être aussi assidus au travail, exécutifs. Lorsqu'on manifeste des comportements d'injustice à leur égard, ils le tolèrent silencieusement tout en essayant de comprendre la raison de cette injustice. Ils souffrent, mais essayent de ne pas causer du mal ou de la nuisance aux autres.

Dans le cercle familial, ces âmes sont accommodantes, calmes et bienveillantes. Ils enseignent à leur famille le bien, l'amour, la probité. Si dans leur famille il y a des enfants incapables, ils essayent de trouver des moyens pacifiques pour les orienter dans le développement. Ce sont de grands travailleurs dans tous les domaines.

Ils tâchent aussi de passer leur temps libre de manière créative ou dans le travail seulement physique. Beaucoup d'entre eux aiment le travail agricole, car ils aiment cultiver des légumes, des fruits, des fleurs.

Les Niveaux positifs plus élevés de l'homme, en temps libre, ils aiment faire du bricolage, écrire (beaucoup d'entre eux écrivent des poèmes, des histoires, de la musique pour eux-mêmes et leur famille), peindre des tableaux, pratiquent des arts appliqués, apprennent les sciences techniques et apprennent à être inventeurs. Certains sont accros à des sports de niveau élevé.

Le sport, aussi, est divisé en Niveaux. La division est basée sur la complexité de la maitrise des mouvements, de la capacité de la coordination avec les partenaires. Le premier individu apprend à maîtriser les mouvements simples, puis ceux de plus en plus complexes. En une seule et même vie, devenir champion en gymnastique artistique est presque impossible, même avec l'aide d'un très bon entraîneur. Après tout, l'entraîneur choisit toujours de lui-même des élèves, les enfants capables de mouvements. Et leur capacité à contrôler le corps physique et développer rapidement des mouvements complexes provient de l'expérience du passé. Plus une âme dans des incarnations passées, a maîtrisé une variété de complexité de mouvements, et plus elle en sera capable dans la vie actuelle.

Mais si on considère les origines de ces capacités, il est nécessaire de revenir à nouveau dans le monde animal. L'âme qui a passé par la forme de panthère, elle aura des mouvements gracieux et uniques; après un passage sous la forme de cerf, elle continuera à courir obligatoirement vite et sautiller dans le corps humain, et après avoir été sous la forme d'un ours ou d'un âne, elle sera maladroite et apprendra difficilement à danser. Ces personnes sont dites «lourdaudes». Toute

capacité remarquable est pourvue d'une base initiale dans le monde animal.

Alors, divisons les sports en trois Niveaux principaux.

Ces types sont tels: course sur toutes les distances, le ski de fond, le patinage, le saut de tout type, en longueur et en hauteur, à la perche; le javelot, le disque, la natation, la boxe, l'haltérophilie, le parachutisme, appartiennent au Niveau inférieur.

Tous les types de sport qui rassemblent des gens en groupe, se rapportent au Niveau moyen, du fait que ces jeux enseignent aux gens une coordination constante de leurs actions avec celles des autres, enseignent la responsabilité et l'union. On y inclut également les sports dans lesquels il y a des difficultés dans le développement des mouvements: la danse simple, la danse sur patins, le saut sur batoude et dans l'eau avec des éléments de gymnastique, le saut à ski et d'autres éléments avec également des mouvements complexes.

Les sports de haut niveau sont les suivants: tous les types de gymnastique, y compris de cirque, le ballet, la voltige aérienne. (Ce sont des mouvements complexes associés à la conduite de machine, et c'est encore plus difficile que le contrôle du corps).

Et comme indiqué ci-dessus, en fonction des sentiments et émotions que l'homme éprouve dans la concentration dans le sport, il élaborera sur leur base des caractéristiques, soit positives, soit négatives.

L'homme prenant plaisir à ces types de sport de type inférieur, comme la boxe et la lutte, où l'accent est fait sur l'agression et la destruction de l'ennemi, accumulera un type d'énergie, et celui qui se concentrera sur les sports nobles et sur une victoire honnête, il va commencer à générer un autre type d'énergie. Il ne faut pas oublier ce fait.

Par ailleurs, dès que dans le domaine du sport, on se met à utiliser des méthodes malhonnêtes pour occuper les premières places: le dopage, l'intrigue, les mensonges, alors, au lieu des qualités positives, la personne commencera à accumuler des qualités négatives. Les éléments de la morale commencent à distinguer les comportements humains en qualités positives et négatives, parce que quand une personne se comporte honnêtement, elle transforme le spectre d'énergie physique en une qualité positive, et quand elle a un comportement malhonnête, en qualité négative. Ce mécanisme est inclus à l'intérieur en lui dans la matrice des lois et il ne peut tromper personne d'autre que lui-même.

Le sport définit le sens positif du développement des jeunes âmes. Il est particulièrement utile pour les jeunes. La conquête des sommets des montagnes, les parcours en kayak sur les rivières, le parachutisme, le plongeon, ce sont de nouveaux sports qui sont apparus seulement au XXe siècle et sont devenus très vite accessibles à des millions de personnes. Ils contribuent au bon développement de la volonté, de l'endurance, la qualité d'atteinte des objectifs fixés, le courage, le sens de l'union avec les autres.

De plus, pour les individus de Niveau supérieur, le sport reste toujours un moyen de renforcer et de maintenir la santé du corps physique, de détente, de soulagement du stress et de la tension. Et cela est toujours important pour chacun, tant qu'il n'a pas appris à le faire d'une autre manière.

Les moyens d'amélioration des âmes dans le sens positif, en dehors du sport, sont nombreux. Mais il faudrait y associer les **normes de la morale et de l'éthique**. Dans les diverses combinaisons de mécanismes réglementaires, une mêmes chose peut contribuer au développement, soit positif, soit négatif de l'âme. Cela vaut pour tous les domaines, toutes les parties de l'activité humaine et pour toutes ses actions.

Même quand un individu marche dans la rue, il peut respecter des normes humaines, ou ne pas les respecter. Il peut être pressé, et en se précipitant, il trébuche sur d'autres personnes, les piétine, par inattention, il pourrait cracher au sol, et ainsi choquer des gens de culture et de haute spiritualité. Alors, pendant le trajet de sa maison au travail ou à l'institut, il est capable de violer les règles des relations normales avec les piétons des centaines de fois. Par exemple, un de nos amis, qui a récemment visité Paris, nous a affirmé que là-bas, quand quelqu'un vous dépasse dans la rue, il se peut qu'il vous présente des excuses. De cette manière, par son action, qui est le dépassement, il vous dérange, crée des troubles dans le flux de la circulation des personnes et cela pourrait constituer une menace pour les piétons, car personne n'est à l'abri des collisions.

Aussi, des excuses renvoient à un degré élevé de culture de l'homme, il se rend compte qu'il viole certaines règles et demande pardon à l'avance. Il a en lui un caractère très important: la reconnaissance de la violation de certaines lois. Toutefois, pour la plupart d'individus, jusque-là cette prise de conscience manque, pour eux la norme est le niveau le plus bas du comportement, dire des grossièretés, ou parler trop fort, crier, cracher dans la rue, etc. Et tout cela est lié à la sauvagerie des mœurs, de la bassesse de leur Niveau de développement. Ils auront besoin de 20 autres vies de plus, afin de parvenir à une compréhension du comportement d'une personne qui s'excuse après vous avoir dépassé dans la rue.

Les individus de bas Niveau n'ont aucune idée du fait qu'il y a même dans la rue une nécessité de respect de certaines règles et normes de comportement. Et quand ils ne les appliquent pas, alors ils élaborent toujours une énergie sale dans l'enveloppe temporaire. Pour cette raison, on leur donne une chance de se parfaire et de corriger les erreurs, car les enveloppes temporaires seront abandonnées, et l'âme pourra rester pure. Mais lorsque ces violations sont répétées dans des vies successives, elles commenceront à générer des qualités négatives en l'individu, ce qui pourrait être une menace de transfert du transgresseur au Système négatif.

Ou encore, prenons un autre exemple. Supposons qu'un individu mène une activité artistique. Au moment où il accomplit ses actions conformément aux lois de la plus haute moralité, honnêtement, sa matrice se remplira d'énergie positive. Mais dès qu'il aura recours aux intrigues dans un but d'obtention d'un meilleur rôle, d'un salaire plus élevé (ou si c'est une femme, elle peut se mettre à flirter avec le réalisateur, devenant ainsi sa maîtresse), alors une telle âme commencera à accumuler dans la matrice de l'énergie négative. Et ces énergies négatives commenceront à construire dans la matrice des qualités telles que la malhonnêteté, la dépravation, l'envie, l'avidité pour l'argent, le carriérisme, la soif de gloire, l'orgueil, l'égoïsme, la qualité de supériorité sur tous, etc.

Il suffit de violer les règles de la morale, et par la suite, la personne accumulera tellement de fondements négatif, qu'elle passera plusieurs de vies dans la lutte pour débarrasser ces qualités.

Et si au cours de quelques incarnations subséquentes, ces personnes continueront de violer les mêmes normes morales, ces qualités négatives continueront d'évoluer et, à la fin, conduiront l'individu au Système négatif.

Il ne faut pas oublier que la malhonnêteté, l'intrigue, le commérage, la cupidité, la dépravation, la haine de l'adversaire, la cupidité, l'égoïsme, s'ils ne sont pas traités, conduiront tôt ou tard au Diable, car ces sont là, des qualités du Système négatif. Elles sont basées sur des énergies impures et deviennent, à la fin, incompatibles avec les mondes Divins. Ainsi, après une série d'incarnations, une telle personne fera l'objet de menace quant au rejet par le Système positif et rejoindra à jamais le camp de son ancien ennemi.

De ce fait, les régulateurs, qui obligent un même processus à produire de l'énergie positive ou négative pour l'âme, sont les normes morales du comportement humain. Ils rappellent le commutateur du robinet: si vous ouvrez le robinet rouge, vous aurez de l'eau chaude, et si vous ouvrez le bleu, de l'eau froide.

Un mécanisme similaire trouve en la personne humaine, dans sa structure subtile, mais lui-même (l'homme) ne sait pas encore très bien quel robinet il «ouvre»: soit rouge, soit bleu, soit une énergie pure coulera dans l'âme, soit une impure. Il est donc nécessaire d'inculquer à l'enfant dès le bas âge, que la haute moralité, le respect des lois constituent l'ouverture du robinet rouge avec de l'eau chaude: l'âme va se remplira d'énergie divine positive; et la moralité basse, appelée immoralité, l'acte amoral, c'est l'ouverture du robinet bleu duquel coule l'énergie négative.

Donnons une fois de plus, un autre exemple, révélant les nuances des mécanismes d'action morale humaine, et qui influencent la génération d'énergie d'opposition dans la matrice de l'âme. Par exemple, deux artistes s'occupent d'un même travail, la peinture. L'un d'eux remet honnêtement ses œuvres au salon et recherche des thèmes liés au milieu de la nature et de l'homme. Le second ne fait que copier les thèmes du premier, les transforme en y apportant quelques changements et en fait des siens. Par ailleurs, il aspire à la gloire, alors il commence à se rendre constamment aux expositions et salons, nationaux et régionaux, et ainsi arrive à acheter les services du personnel administratif compétent, et puis, toute personne proposant un autre artiste de bonne foi, le second commence à le critiquer, dénigrer la perfection de son travail et de lui-même, soit, il commence à nuire ouvertement au travailleur honnête, au premier peintre. Il passe la ligne de ce qui sépare le développement positif du négatif, en violant certaines normes morales et de ce fait, s'engloutit dans la voie de génération de qualités négatives. Nous le rappelons et encourageons l'homme à penser plus souvent à ses actes et à prévoir leurs conséquences.

Une excellente façon de maintenir l'homme sur la voie positive, est la créativité. Les Êtres Suprêmes réservent une place importante à son inclusion dans l'environnement humain. Ils tâchent de trouver de plus en plus de nouvelles formes et de nouveaux genres de créativité. Par conséquent, il y a des progrès dans l'art à travers le monde, et il progresse de manière intensive, à commencer par les sons des tams-tams sauvages et des pots d'argile des communautés primitives, et se terminant par les instruments électroniques et la vaisselle en cristal moderne. Et leurs types sont devenus innombrables. Tout a pris un aspect de créativité, et tout a été transformé en un nouveau genre. Les modèles d'automobiles et les ponts sur la rivière, l'intérieur des bâtiments industriels et des terrains de jeux dans les cours, les meubles et les vêtements, tout est devenu un art de design, une forme particulière de créativité, dans un nouveau domaine de développement.

Mais avant qu'une chose apparaisse sur Terre, elle est travaillée précédemment par la pensée des Créateurs Suprêmes, qui conçoivent la façon dont on pourrait inspirer au travail créatif de plus en plus de nouveaux Niveaux de développement de l'âme humaine, comment obliger à travailler la nouvelle intelligence d'une jeune âme dans les processus créatifs.

Toutefois, revenons à nouveau sur les âmes qui luttent pour rester sur le chemin positif. Elles manifestent une qualité stable, telle que l'intuition, qui est une vision positive. Et peu importe le nombre d'options qu'on offrira d'un ensemble de positif et de négatif, elles choisiront toujours le positif ou le neutre.

Mais, l'âme est trinitaire. Elle se compose d'une partie positive et d'une négative, qui, par la force de lois du développement, doivent garder une certaine relation de rapport de potentiel d'énergie. C'est pourquoi, pour le développement harmonieux de l'individu et le droit de construire les bases de la matrice trinitaire, les Suprêmes ont recours parfois à une méthode stricte d'inclusion dans de telles âmes des processus positifs, à l'aide desquels se produit une élaboration par ces âmes, d'énergie pure négative dans la partie négative de la matrice de l'âme. Ainsi, l'étude ou l'utilisation ultérieure de la trigonométrie, de la géométrie, de la physique, des mathématiques et de la programmation, de l'ingénierie, de l'enseignement de ces matières et de leur élaboration ultérieure, sont associées à un ensemble d'énergies négatives dans les cellules de la matrice. C'est une haute technologie, sur la base de laquelle se développent des âmes Divines aux Niveaux moyens et plus élevés.

Mais grâce à ces mêmes technologies, les âmes appartenant au Hiérarque négatif sont également améliorées sur Terre. Elles doivent être également très développées, intelligentes, doivent être en mesure de comprendre les processus sociaux qui se passent dans le monde environnant. La différence dans la perfection est obtenue grâce au développement dans d'autres processus réglementaires et à l'utilisation des mécanismes de règlement dans les corps subtils eux-mêmes, qui fonctionnent dans la transformation de l'énergie des actions et l'activité mentale humaine par un nombre multiple d'opérations numériques. Autrement dit, les structures subtiles des individus positifs et négatifs sont différentes entre elles, et la transformation donne de différents résultats. Les processus de pensée en leur sein fonctionnent à travers une **activité numérique, tandis que pour les personnes positives, c'est grâce à des concepts imaginatifs.**

Quelles autres différences sont utilisées par le Système négatif pour conserver ses pupilles sur Terre, sous sa domination? En fait, s'il n'y aucune restriction, certains individus négatifs à certains stades de développement, voudraient revenir au Système positif.

Le Système négatif attribue à ses individus des programmes rigoureux d'options uniques, lesquels ne donnent aucune possibilité de faire un pas vers le Système positif. De plus, ces programmes mettent en place des mécanismes dans les enveloppes temporaires, permettant à la jeune âme d'élaborer l'énergie nécessaire au Système négatif. Cela se fait dans un but de précaution, pour ne pas laisser la jeune âme involontairement générer de l'énergie claire (lors d'une séance de télévision ou en écoutant un concert à la radio).

Par ailleurs, nous devons nous rappeler que l'âme qui a été transférée au Système négatif, continue de conserver dans la matrice des énergies négatives et positives. Et en elle, les processus intellectuels continuent de fonctionner de façon imagée, et il faut les transformer à une base numérique. Aussi, le Hiérarque négatif se voit obligé, artificiellement, de manière forcée, de former un esprit négatif chez les jeunes âmes, en y apportant ses mécanismes de calcul dans leur future intelligence. Un programme pour la formation d'un type négatif de pensée ne suffit pas. Ainsi, aux Niveaux intermédiaires et élevés de développement, et pour les individus négatifs, il est utilisé une technologie spéciale, introduite dans les processus d'apprentissage du programme de la vie et dans la structure subtile. (Cela ne concerne que la Terre).

Et ainsi, les enveloppes temporaires, et ainsi que permanentes, chez les individus positifs et négatifs, sont construits de différentes manières et forment deux types opposés de pensée et de qualité d'âme. Le Hiérarque négatif se soucie du grand professionnalisme de ses âmes, et pour cette raison, celles-ci sont obligées d'apprendre beaucoup et travailler. Ainsi donc, les paresseux ne devraient pas espérer qu'en passant au Système négatif, ils vont continuer à croiser les bras et se divertir. Ils devront travailler jusqu'à cinq fois plus que l'âme positive. Du fait que le Hiérarque négatif utilise des programmes rigoureux, ses sujets dépassent dans leur progression les individus positifs, bien qu'ils débutent en même temps (après la séparation des âmes en Systèmes opposés). Le Diable introduit déjà au monde, et pour ses âmes, des mécanismes de développement accéléré.

Je rappelle que les individus positifs commencent à avoir du retard dans le développement en raison de la présence de la liberté de choix dans leurs programmes, et les choix qu'ils font sont généralement des mauvais, beaucoup se trompent, commettent des péchés, et donc se construisent mal. Pour cette raison, par la voie de leur karma, ils doivent revenir à des situations vécues dans le passé, tant qu'ils n'auront pas élaboré les bonnes structures dans leur matrice. Le mécanisme du karma permet de corriger la structure subtile de l'âme d'une personne positive, en faisant intervenir pour cela sa conscience, la conscience de ce qui se passe.

Mais comme nous l'avons mentionné ci-dessus, les âmes positives sont périodiquement «forcées» à générer de l'énergie négative pour leur âme trinitaire non pas par choix, mais par la voie d'un programme qui les introduit avec rigueur dans certaines circonstances de la vie. Mais de tels moments sont temporaires. ((Et les individus négatifs ont un système rigide d'implication tout au long de leur vie). Et dans le même temps, les âmes positives ne bénéficient pas d'annulation de la liberté en cas de choix de certaines actions.

Cependant, les moments de rigueur dans le développement des individus positifs sont compris correctement, car Dieu a également besoin pour Ses mondes, de constructeurs, de concepteurs, et de programmeurs, lesquels créent Ses mondes merveilleux, les planètes, les galaxies, les systèmes d'étoiles et d'autres, et ainsi, il faudrait des spécialistes expérimentés. Pour cette raison, Dieu doit planifier à l'avance pour déterminer quels seront les spécialistes lui seront nécessaires pour un monde ou pour un autre, et pour commencer à temps l'élaboration des corps subtils dans la structure souhaitée. Presque même au milieu de la hiérarchie humaine, les individus peuvent ne pas être en mesure de se rendre compte de ce qu'ils ont besoin de maitriser et dans quelle mesure, et de ce fait, le Système positif met en œuvre ses éléments de développement rigoureux pour ses âmes.

Mais quand, en elles (les âmes) se développe suffisamment une conscience et un esprit élevé, capable de percevoir les perspectives de développement du monde, alors elles peuvent d'elles-mêmes choisir l'évolution future de l'amélioration de certaines qualités négatives.

Toutefois, ces qualités seront composées d'énergie pure claire.

Ici, il est nécessaire d'attirer l'attention du lecteur sur ces subtilités, qui créent de la confusion dans les concepts. **Les énergies négatives ne sont pas toutes nuisibles.**

L'énergie négative aux Niveaux inférieurs de la hiérarchie terrestre est négative par le biais des actions de l'homme, telles que l'assassinat, le sadisme, l'offense, la cupidité, la méchanceté, la vengeance, la destruction et ainsi de suite, et aux Niveaux moyens, l'énergie négative provenant des activités humaines, telles que la programmation, la construction et d'autres choses utiles, sera positive. Ils sont liés à l'acquisition par l'individu de propriétés et de qualités qui sont utiles à Dieu.

Toute profession créatrice suscite du respect, et contribue au progrès de l'âme.

Tout type d'activité créatrice et tout processus créateur, favorisent parfaitement l'amélioration de l'individu.

L'accumulation de qualités positives est associée à un certain type de comportement humain. Et ces qualités lui sont connues bien à l'avance. Ce sont, la vertu, la générosité, l'honnêteté, la tendresse, l'amour, l'amour du travail, la discipline, la fidélité, la compassion, etc.

Lorsque nous considérons qu'une personne est tenue de générer une qualité, telle que la vertu, il est clair qu'elle devrait prendre part à des circonstances où il lui sera donné selon le programme, une occasion de faire du bien aux autres, de les aider dans les moments difficiles de la vie. Et si la personne génère la qualité d'honnêteté, alors il lui sera fourni des circonstances dans lesquelles elle serait soumise à la tentation du bien d'autrui, de grosses sommes d'argent, elle pourrait être témoin dans le cadre d'une affaire pénale, et au tribunal, en dépit de la menace pour sa vie, elle devra tâcher d'être honnête. Autrement dit, nous voyons comment la génération de la qualité souhaitée oblige l'homme, dans un premier temps, d'être impliqué dans des situations spécifiques, et, d'autre part, il doit se comporter strictement d'une certaine manière, sinon la qualité ne sera pas élaborée.

LES MÉTHODES DE PROGRESSION DES ÂMES

Le développement humain se déroule de manière irrégulière, il peut à un moment s'accélérer, puis après ralentir. L'accélération est réalisée grâce à l'utilisation de techniques spéciales des Êtres Suprêmes, afin d'accélérer l'amélioration, tandis que le retard a lieu en cas de dégradation de la personnalité.

Les méthodes de progression peuvent être divisées en libres et obligatoires.

1. Les méthodes libres sont des moyens de choix libre des voies de développement. Elle peut être **inconsciente ou consciente.**

a) Les méthodes inconscientes de choix incluent: l'imitation et l'obéissance. Elles sont fréquentes chez les âmes les moins développées. Mais elles sont déjà présentes au stade animal.

Toutefois, cette méthode a le défaut qui réside dans le fait que si une jeune âme inexpérimentée est placée dans un environnement négatif, il imitera le mauvais (ou sera tenté d'écouter les mauvaises personnes). Cela témoigne également de l'importance d'isoler les jeunes âmes du mal au cours des premiers stades de développement, tant qu'elles n'auront pas instauré les bases pour une compréhension de la différence entre le bien et le mal, et afin qu'elles puissent ensuite faire un choix autonome. C'est la même chose avec l'obéissance.

Pour les âmes peu développées, et dans un but d'accélération de la progression, ainsi que leur bonne orientation dans le développement, sont mises en place diverses mesures de motivation: la première, deuxième et troisième places (dans les sports), les catégories dans l'activité professionnelle, les récompenses, les prix, les articles élogieux dans les journaux, on organise des émissions sur les progrès réalisés à la télé et à la radio; on utilise également des mots simples, doux, qui sont très efficaces pour les jeunes âmes dans les éloges à leur égard. (Mais en même temps, on ne devrait pas faire trop d'éloges à une seule et même personne, car elle pourra développer de l'orgueil, de l'arrogance, un sentiment de supériorité sur les autres. Tout devrait être dans les limites de la modération. Le passage par les limites fines favorise toujours le passage de l'âme du positif au négatif.)

Dans les professions pour les individus de Niveaux supérieurs, sont introduits des grades et des titres: chercheur junior, chercheur principal senior, chargé de cours, professeur, docteur des sciences, etc. Tout cela contribue à la progression réussie de l'âme à différents Niveaux de perfection, son ascension progressive aux étapes de la hiérarchie humaine. Cela revient à dire qu'aux Niveaux inférieurs, il existe certains éléments de motivation, pour les moyens, il est prévu d'autres, et pour les Niveaux supérieurs, on a d'autres éléments. Les grades, les titres, sont juste des stimulants pour le développement de l'âme. Ces éléments de motivation changent l'état des récompenses financières, et la vie de l'homme pour le mieux, ils attribuent des titres d'honneur, le respect des autres, et permettent de rehausser le niveau intellectuel, l'apprentissage des sciences sociales et autres. Juste pour être respecté, l'homme est parfois prêt à assimiler un grand

bagage de connaissances pour montrer aux autres qu'il maîtrise des termes et concepts nouveaux.

Pour lui, le respect des autres est une motivation.

b) La méthode consciente de la progression est mise au point lorsque l'homme commence à se rendre compte qu'il ne convient pas de vivre non pas tout simplement, mais qu'il est nécessaire de lutter pour quelque chose, de choisir quelque chose, d'atteindre un certain objectif dans la vie. Cela devient accessible à la connaissance pour les jeunes âmes après seulement dix incarnations. Autrement dit, ils sont capables de comprendre que l'individu lutte, obtiendra avec assurance certains résultats au milieu de la vie ou vers la fin de sa vie.

Peu importe ce que l'individu apprend: profession, travaux ménagers, relations familiales, interactions avec les autres, et ainsi de suite, il aura du progrès. La connaissance contribue au développement positif et négatif.

La méthode consciente permet à une personne de se développer comme elle le souhaite. Elle accélère non seulement l'ascension de l'âme, mais permet également de construire son individualité et son caractère unique. La conscience permet de mieux évaluer ce qui se passe autour et d'être inclus dans les processus utiles de la perfection.

La conscience est un puissant activateur du développement. Mais cet activateur apparaît chez l'homme seulement à partir d'un certain Niveau de perfection, car en tant que qualité, elle devrait être d'abord mise en œuvre dans la matrice, afin qu'il (activateur) puisse fonctionner.

Certes, enseigner la conscience à l'homme, est un gros travail, mais ce travail sera justifié plus tard, au vu de l'accélération du développement de cette personne.

Les méthodes libres de perfection des âmes inférieures et moyennes incluent les **biens matériels**. Quand l'homme construit une grange, un garage, une maison, lors de l'achat d'une voiture, il apprend non seulement à la conduire, mais aussi à connaitre sa structure interne, il apprend beaucoup. Son âme fait des progrès dans les relations, et dans la connaissance de nouveaux matériaux, et en particulier la transmission de l'information d'une personne à une autre. Beaucoup apprennent à construire sur la base des mots des autres, ou par imitation. Autrement dit, en obtenant un avantage matériel, l'homme dans le même temps, se perfectionne.

Une bonne motivation pour le développement est la **gloire**. Pour cette dernière, l'homme est prêt à soulever des montagnes. Il travaille dur, apprend, cherche du nouveau.

Mais dans tous les domaines, il y a des avantages et des inconvénients. Tant que l'homme se tient à certaines normes, il se développe positivement et dès qu'il franchit la limite du permis, il s'enfonce dans la progression négative. Il ne faut jamais oublier ce fait. Il y a toujours une ligne à peine perceptible entre deux voies de développement opposées, et nous devons nous assurer de ne pas franchir la limite, afin de ne pas basculer de la perfection positive à la négative. Dans tout, il y a une mesure, et tout domaine a ses propres caprices et limites à ne pas dépasser, de peur de ne pas chuter, mais s'élever visiblement.

Ainsi, certains artistes s'élèvent d'abord au sommet de la gloire, mais ce sommet s'avère être leur limite. Ils tentent de monter encore plus haut, mais commencent à chuter impérieusement vers le bas, avec dégradation et perte d'orientation, sans plus savoir où est le sommet, et où est le fond.

La voie de progression est **d'utiliser l'expérience positive de quelqu'un d'autre** dans ses propres situations. C'est également une sorte d'imitation.

L'utilisation par le maître (enseignant) de l'expérience d'autrui, comme exemple à suivre par l'élève, se résume au fait que les personnes ayant plus d'expérience et une meilleure compréhension de la vie, indique à un autre la voie possible de développement. L'exemple montre comment on peut atteindre cet objectif. Aussi, cela ressemble au fait de suivre les traces d'autrui, laissées sur une couche de neige. Sans aucun doute, l'expérience des autres, à titre d'exemple, contribue à la progression, car elle permet à l'esprit d'éviter des erreurs dans le choix de la voie du développement.

Mais existe-t-il une motivation chez les âmes négatives? Pour elles, les biens matériels en ce monde constituent également des motivations. Beaucoup d'entre elles vivent dans le luxe, corrompant ainsi les individus positifs. Par le biais d'une telle motivation, le Diable, comme on dit, fait d'une pierre deux coups: récompenser ses âmes, et séduire par l'excès en même temps les individus positifs.

Mais la motivation la plus importante pour l'âme négative reste le passage à la hiérarchie négative, dans le monde Supérieur, où commence l'existence éternelle et une vie réellement belle, car n'importe quel monde Supérieur, voire négatif, n'est pas à comparer au monde terrestre, en ce qui est du bien-être.

Mais l'individu négatif, au cours de son existence sur Terre, est sans cesse en danger comme tout le monde: les adversaires peuvent le détruire, il peut faire faillite, être victime d'un accident, parce que personne n'est à l'abri de ces faits divers dans la société humaine. Les catastrophes naturelles, les cataclysmes, peuvent l'emporter en même temps que ses somptueux palais et en quelques minutes, mettre en perte toute son industrie. En fin de compte, il peut souffrir de cancer, et aucun médecin, même pour quelques millions, ne sera capable de le guérir.

Pour toutes ces raisons, les motivations matérielles pour les individus négatifs sont une incitation temporaire qu'ils auront constamment peur de perdre. Le monde terrestre est trop peu fiable. Et de ce fait, il s'en suit le désir de passer le plus tôt possible à une existence éternelle, où ce phénomène horrible tel que la mort, n'a pas sa place. Ces individus souhaitent devenir immortels, et pour cette raison, aussi, ils cherchent le plus rapidement possible à parcourir leur voie de développement terrestre et de passer à la hiérarchie négative.

2. La progression forcée des âmes se déroule aux Niveaux inférieurs par voie de châtiment, pour les Niveaux supérieurs, à travers des moments difficiles dictés par le programme (lorsque les circonstances, en plus de la volonté et le désir de l'individu, le forcent à apprendre quelque chose), et pour les âmes intermédiaires, on a la première et la deuxième variante.

Lorsque la jeune âme est paresseuse et ne veut pas s'instruire, alors elle peut être punie dans cette vie par le biais de parents, d'enseignants, et si cette personne est déjà employée dans l'industrie, elle peut se voir priver de primes, de salaire, faire l'objet de réprimandes. Et de telles peines peuvent être nombreuses.

Par exemple, dans une usine, un individu qui a pu séduire d'autres plus jeunes à boire de l'alcool, il est victime d'agression, par la suite, tard le soir dans la rue, quand il rentrait de son travail, il s'est fait arracher le sac par les hooligans qui ont emporté le sac et l'ont battu si bien qu'il a perdu la vue. Il a été si brutalement puni dans cette vie parce qu'il a séduit plusieurs âmes à la dégradation. Et même s'il était un représentant du Système négatif, cet exemple montre que le Diable ne gâte pas chacune de ses âmes en leur comblant de biens, beaucoup d'entre elles subissent «le supplice de l'enfer sur Terre», ce fait devient visible quant à sa véritable essence, qui consiste à ne ménager personne, ni les siens, ni les tiers. Mais, même les siens, avant d'obtenir une promotion, elles ne devraient passer pas moins d'épreuves par rapport aux individus positifs, afin de développer les qualités nécessaires.

À l'aide des châtiments, le Système positif tente de faire revenir la jeune âme à l'autoperfection. Par exemple, quand les parents disent à l'enfant que s'il a de mauvais résultats à l'école, il vivra dans la pauvreté, l'enfant pensant, par crainte de vivre dans la pauvreté, peut se mettre à étudier de manière intensive. La peur contribue également au progrès de certaines âmes.

Les âmes moyennes et supérieures progressent souvent selon des programmes rigoureux, dont des parties sont incluses dans le destin des individus positifs. Cela se reflète dans le fait que les circonstances de la vie sont telles qu'elles obligent les gens à apprendre quelque chose contre leur gré, parce que si on lui donnait une possibilité de choix, il choisirait une autre variante. Autrement dit, l'homme n'a appris quelque chose que par un certain programme rigoureux.

Par exemple, dans une ville de province se trouve un institut polytechnique. Un jeune homme qui termine ses études n'a pas les moyens de se rendre dans une autre ville et d'y étudier dans l'institut aéronautique qu'il souhaite. Mais il a besoin d'obtenir une formation supérieure, d'autant plus qu'avec son niveau d'intelligence, il ne pense pas que le travail comme ouvrier à l'usine lui conviendra. Et voici ces circonstances: le manque de fonds et la disponibilité d'un autre institut, l'obligent à s'inscrire à l'institut accessible contre son gré. De cette façon, par les circonstances, l'individu se voit contraint de faire des progrès dans les qualités qui sont nécessaires aux Êtres Suprêmes, pour le développement en lui des besoins futurs.

Ainsi, pour la progression des âmes, les Suprêmes utilisent une variété de méthodes. Ces méthodes changent au fil du temps. Les méthodes qui étaient utilisées il y des milliers d'années, ne sont pas acceptables aujourd'hui, bien que beaucoup restent valables jusqu'à présent.

- - -

Chapitre 5
LES MÉTHODES DE CONQUÊTE DE L'ÂME

Pendant que l'âme se trouve sur Terre, elle est sujette à une lutte constante entre les Systèmes positifs et négatifs du Cosmos. Pour cette raison, l'homme est en permanence soumis à une menace de passer sous la subordination du Hiérarque négatif, et de ses mondes. L'âme de l'homme ne sera en en sécurité que lorsqu'elle sera sous la hiérarchie de Dieu. Et seulement là, elle sera complètement à l'abri des machinations du Hiérarque négatif.

Dans la hiérarchie de Dieu, tout est construit de manière à ce que les âmes négatives n'aient plus le droit d'interférer dans la vie de Ses mondes supérieurs, comme cela est le cas sur Terre.

Mais le but de l'existence des âmes sur Terre, c'est de les diviser en deux flux d'évolution: le positif et le négatif, et de ce fait, dans ce monde, le Hiérarque négatif a plein de droits, lesquels lui permettent d'identifier les faiblesses de la nature humaine, et de les utiliser à des fins personnelles. Les mondes poursuivent différents buts de développement, et donc la vie s'y passe différemment.

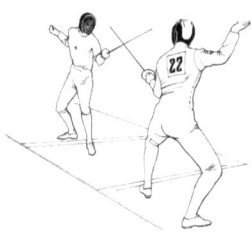

Dans les hiérarchies de Dieu et du Diable, les individus clairs et sombres sont maintenus séparés les uns des autres, à l'opposé de ce qui se passe sur Terre, où les personnalités positives et négatives sont entremêlées les unes avec les autres et ne sont même pas conscientes du fait qu'elles sont de types opposés. Pour cette raison, dans ce monde, le Diable a la possibilité de séduire l'âme, et c'est de même dans tous les autres mondes, situés en dessous du premier Niveau de la hiérarchie de Dieu.

Dans ces plans, nous assistons à une lutte sans merci pour la conquête de l'âme. Le bien et le mal y sont entrelacés exprès, afin que chaque âme puisse faire son choix dans le sens qui lui paraît le plus approprié.

La combinaison du positif et du négatif dans un même monde permet aux individus d'identifier cette opposition, et les résultats de leurs actions. Ce qui offre la possibilité de faire un choix dans un sens ou dans l'autre.

Dans le monde terrestre, le Système négatif est en mesure d'attirer l'âme positive vers lui, et cela se fait même au dernier Niveau de la hiérarchie humaine. Le but du Système positif, c'est d'inspirer les individus au développement positif, tandis que le but du Système négatif est la tentation par les profits, afin que la personne fasse beaucoup d'erreurs, et par la suite, elle sera rejetée dans son développement à quelques incarnations en arrière. Pour le Diable, c'est un terme supplémentaire qui lui permet de séduire l'âme et lui faire générer des énergies négatives, ce qui contribue à accumulation d'un certain volume d'énergies négatives dans la matrice, ainsi, l'âme pourra automatiquement passer au Système négatif.

Chaque Système d'opposition a ses propres méthodes de lutte pour la conquête de l'âme. Le Diable a ses propres méthodes, et Dieu a les siennes.

Les principales méthodes de lutte du Hiérarque négatif et de tous ses Systèmes, comprennent des méthodes de recours aux séductions, tentations, récompenses monétaires non méritées, gros gains inattendus, l'héritage, la corruption matérielle, les pots-de-vin, la confusion des âmes à des objectifs de développement des âmes, l'intimidation, le mensonge, la tromperie, et toutes les autres choses du même genre.

Chez Dieu, la principale méthode de lutte est l'**éducation**, l'élaboration de la conscience et des bonnes qualités de l'âme, la compassion et l'amour envers autrui, la compréhension de ses besoins et exigences.

L'âme doit apprendre à penser, à comparer, à raisonner logiquement et à anticiper les conséquences de ses actions, ce qui pourra développer en fin de compte l'intuition, une conscience élevée, la responsabilité, et un certain nombre d'autres qualités positives.

LES MÉTHODES DE CONQUÊTE DE L'ÂME PAR LE SYSTÈME POSITIF

La conquête de l'âme se fait non pas une fois par mois ou une fois par an, mais chaque jour, chaque heure, chaque minute. Et pour le Système positif, un grand rôle dans cette lutte est attribué à l'**éducation**. À cette fin, les Créateurs prévoient absolument tout dans le monde, de manière que cela exerce une certaine influence sur l'homme, en éveillant en lui des sentiments, des émotions, le forçant à penser, à créer, à se battre et à gagner.

L'homme croit que la nature, tout comme la Terre existent en dehors de lui, à part, et qu'il est une unité indépendante au monde. Beaucoup de choses passent loin de son esprit. Il lui semble que le monde existe par lui-même et il n'y est qu'un passant accidentel. Mais le fait que les Êtres Suprêmes ont conçu la beauté de la nature, le ciel, les étoiles dans le ciel pour l'éducation de son âme, il n'en a aucune idée. Tout en dehors de l'homme doit servir la cause de son éducation, et améliorer par conséquent son âme, et le développement de l'intelligence.

À quoi sert vraiment l'**éducation**?

Elle permet d'orienter l'âme humaine dans le sens de développement qui serait utile aux Suprêmes. Mais cela, aussi, n'est pas le fruit de leur caprice, mais une nécessité de contrôler tous les processus dans l'univers, pour les rendre conformes aux résultats prévus par Dieu, à l'objectif spécifique de l'Être Suprême et du monde en général. Donc, de ce point de vue, **l'éducation est un mécanisme d'orientation et de contrôle d'actions, réglementant les processus de l'évolution des âmes.**

L'homme n'a pas le droit de se développer chaotiquement, n'importe comment, ou comme il lui semble bon. Il lui semble tout simplement qu'il est libre. Ou plutôt, il lui semble que seuls les maîtres à l'école et les parents à la maison se chargent de l'éducation des enfants, et qu'à un certain âge une chose telle que «l'éducation» cesse d'exister. Tout d'abord, étant devenu adulte, il devient un être libre, et d'autre part, il choisit ce dont il a besoin pour sa vie et donc ne permet plus d'éléments d'éducation de quelqu'un d'autre.

Mais cela n'est qu'illusion d'ignorance. En fait, tout dans ce monde est construit de telle sorte que de façon à avoir un impact sur l'homme et à travers ses actions, l'éduquer dans le sens souhaité par les Suprêmes. Le mauvais temps devrait éveiller en lui un sentiment de lutte, d'apprendre à se protéger contre les facteurs environnementaux défavorables (construire une maison et coudre des vêtements), à inventer, afin de se protéger, bon nombre de moyens divers (imperméables, parapluies, chaussures), lesquels pourront l'aider à vivre et à se sentir dans le confort (chaleur, lumière, et pour cela, il est nécessaire d'inventer des centrales hydroélectriques, lui permettant ainsi d'être en bonne santé et de se sentir à l'aise).

Et le beau temps, au contraire, devrait éveiller en lui un sens de la romance, un penchant pour les voyages, à écrire des poèmes et faire des peintures, et également, à créer de grandes œuvres architecturales, des parcs, à cultiver des fleurs, etc. L'intérieur du monde est conçu par les Créateurs Suprêmes dans le but d'éveiller chez l'homme certains sentiments et émotions, de leur perfectionnement. Soumettant aux vastes étendues du monde terrestre l'idée principale, celle de l'amélioration de l'âme, Ils créent de beaux ou de sombres paysages, le pôle nord et le pôle sud, la nature luxuriante de l'équateur et celle modique de la toundra. Mais, dans ces conditions, les Créateurs Suprêmes n'oublient pas les petites choses, en particulier, l'apparence même de l'homme, et l'utiliser également à cette fin suprême.

Mais, alors comment se fait la conquête de l'âme par l'éducation? L'influence du monde est une chose, l'éducation est l'œuvre de d'autres mécanismes d'influence sur l'homme.

La conquête pour les âmes par l'éducation.

Si le Système négatif soumet aux jeunes âmes des séducteurs et tentateurs des deux sexes, le Système positif leur soumet des précepteurs, des maîtres, qui leur enseignent ouvertement des choses utiles et justes, leur enseignent la bonté et le combat contre le mal, les méthodes afin de s'y opposer.

Posons-nous la question: combien l'homme a-t-il d'enseignants dans sa vie? Les parents éduquent et enseignent, les voisins, les professeurs à l'école, à l'institut; on apprend une profession au travail, on apprend aux enfants à prendre soin d'eux-mêmes, le chef apprend comment se comporter au lieu du travail et la façon de remonter le moral pour l'obtention de meilleurs résultats, etc. Partout où l'homme va, toute personne rencontrée peut lui enseigner quelque chose  de nouveau: le bibliothécaire lui apprend à choisir le bon livre et lequel est plus utile à lire; le concierge lui apprend à ne pas jeter des ordures n'importe où, mais à les jeter à la poubelle; le receveur dans le bus conseille de céder la place aux plus âgés et de payer pour le trajet, et ainsi de suite. Sur Terre, dans la société humaine, tout est basé sur l'apprentissage des uns aux autres.

Celui qui a réussi plus dans un domaine quelconque peut enseigner la technique à l'autre, de Niveau inférieur et ignorant, et c'est qui se passe dans la réalité. Le pouvoir de persuasion de l'enseignant permet d'inspirer à l'étudiant quelque chose de positif, qui remplira sa matrice d'énergie lumineuse, et c'est ce fait (remplissage de la matrice d'énergies positives) qui est l'élément le plus important, et fait l'objet de combat entre le Dieu et le Diable.

Le Diable a intérêt à forcer une personne par la tromperie, d'élaborer dans la matrice, de l'énergie négative, «sombre», tandis que Dieu tâche de faire en sorte que l'âme, à travers les éléments d'éducation, arrive à élaborer autant que possible d'énergie positive «lumineuse».

L'éducation est basée sur ce fait. Les apprenants qui maîtrisent bien les leçons, accumulent de l'énergie positive et ceux qui ne les assimilent pas, s'adonnent aux tentations des individus négatifs, produisent de l'énergie négative et nuisible. Ce qui signifie que c'est la production d'énergie positive et négative qui est à la base de la séparation des âmes. Cela sous-entend de la grande importance de l'éducation, non seulement pour le développement humain, mais aussi pour la séparation des âmes par des systèmes d'opposition.

Une qualité importante dans l'éducation est **l'obéissance**. L'obéissance peut être définie comme une qualité provenant du monde inférieur, parce que si l'on considère que l'âme vient du monde animal, donc, en fonction de la forme par laquelle elle est passée, elle pourrait être obéissante ou désobéissante.

Prenons l'exemple des chiens. Certains d'eux sont élevés, encore une fois de plus, par l'éducation, et sont obéissants, les maîtres les gardent en laisse, tandis que d'autres ont beaucoup de volonté. Pour cette raison, une seule âme aura déjà en soi dès le début, une qualité d'obéissance, et l'autre, le désir de se comporter au gré de ses caprices. Lorsque ces âmes viennent au monde humain, elles seront déjà partiellement dotées de caractère de qualités individuelles, mais on aura besoin de les ajuster à des normes humaines du comportement.

Les âmes obéissantes et prudentes écoutent généralement leur enseignant et par conséquent, ils sont en mesure d'éviter de nombreux problèmes dans la vie réelle, ainsi qu'à l'avenir, **ce qui rend possible**

d'éviter le karma sur la base du bon comportement.

Le Système positif utilise des **motivations pour retenir l'âme dans la voie positive**. La meilleure motivation pour la jeune âme est la parole de bonté, la louange. Ces motivations comprennent des diplômes d'honneur, des médailles et ainsi de suite.

Les âmes indisciplinées, entêtées, désireuses de goûter à tous les plaisirs de la vie, sont problématiques, celles pour lesquelles se déroule le combat fondamental entre le Système positif et le Système négatif. De telles âmes se laissent facilement tenter, ne résistent pas au contrôle et à l'épreuve, elles violent les lois et rendent d'autres individus positifs malheureux (membres de la famille, des parents, elles ne répondent pas aux attentes du personnel au travail, nuisent aux voisins, etc.).

Dieu apprécie une telle qualité, telle que l'obéissance. Le Diable n'exige pas une telle qualité à ses subordonnés, car il rend dociles tous ceux qui se retrouvent sous sa hiérarchie.

Mais dans ce cas, il est possible de conclure qu'il y a des individus dociles chez Dieu, et des obéissants chez le Diable, mais chacun envers son Hiérarque. Mais l'obéissance à Dieu est ce qui est la subordination du supérieur, l'exécution des ordres ou des décrets des Personnalités supérieures, sur la base de la conscience et de la soumission volontaire. Mais, l'obéissance des subordonnés au Diable est basée sur la robotique et de l'incapacité de prendre leurs propres décisions. Ils ne peuvent pas désobéir à leur maître, parce que les robots effectuent tout ce qui est écrit dans leur programme. Ainsi, à la base de l'obéissance, se trouve autre chose, à savoir, la contrainte, la privation de sa propre volonté.

Lorsque les Suprêmes du Système positif élaborent des programmes de vie pour les désobéissants, ils conçoivent à l'avance des méthodes de punition à l'avance, anticipant les options pour leurs actions illégales dans les situations de vie planifiées. Tout d'abord la personne est soumise à des méthodes humaines d'éducation, suggérant qu'elle a choisi le mauvais chemin, ou qu'elle commet des actes désagréables aux yeux de Dieu.

Ces **méthodes humaines** peuvent être sous forme d'**instructions** des parents, des enseignants, et leur édification (moralisation). Et quand ces méthodes s'avèrent inefficaces, on a recours ouvertement à des injures: la mère ou le père gronde leur enfant pour un mauvais comportement, et comme punition, le privent de plaisir (refusent d'acheter un magnétophone, une moto, un ordinateur, etc.)

Les parents, les enseignants, les chefs, peuvent citer des exemples de d'autres personnes. L'élève attentif apprend sur la base de l'expérience des autres, et l'inattentif sur ses propres erreurs et souffrances.

L'élève attentif est en mesure de comprendre l'erreur d'une autre personne, si l'enseignant précise que c'est une mauvaise action. L'apprenant a la possibilité d'analyser, de mémoriser ce qu'il ne faut pas faire, et ce qui est permis, pour qu'en cas de nécessité, il se doit d'éviter les erreurs des autres, si nécessaire, dans une situation similaire. Cette voie de développement est la meilleure et ne provoque pas chez l'homme des troubles et de la souffrance.

De cette façon, il y a un impact sur la jeune âme par une autre personne. Ici, le rôle principal est joué par les parents et les enseignants à l'école. Et l'analyse de l'influence sur la jeune âme par d'autres personnes lui revient en personne. Par exemple, son ami pourrait être soit appartenant au Systèmes positif, soit au négatif. Par conséquent, l'âme devrait utiliser les connaissances, la comparaison, et déterminer si ce que recommande l'ami, est en compatibilité avec les instructions et les avertissements des parents ou des enseignants. Si son comportement est contraire à ces principes, il convient d'abandonner un tel ami et en trouver un nouveau.

Mais de plus, bien sûr, en dehors de la maison et de l'école, la personne elle-même est responsable, l'enfant ou l'adolescent devrait savoir prendre de bonnes décisions. Cependant, tout cela doit être enseigné progressivement, de manière cohérente, de la façon dont on enseigne pas à pas les mathématiques et la physique. Les parents et les enseignants dans toutes les écoles, les établissements d'enseignement secondaire et supérieur, ont besoin de développer chez les élèves une grande prise de conscience et la compréhension du fait que, la personne est entièrement responsable de ses actes.

Si l'individu ne souhaite pas entendre les instructions verbales et se met à enfreindre les lois, alors il est soumis à des peines sévères. De ce fait, si une personne vole quelque chose, a heurté un piéton en tant que conducteur et a ensuite pris la fuite, a délibérément causé un préjudice à la santé d'une autre personne, il devrait savoir qu'il ira en justice et en prison sur Terre. C'est un moyen d'obliger le pécheur à comprendre la portée de son comportement, et donc, revenir sur le droit chemin.

Si lui-même ne souhaite pas admettre le mauvais côté de ses

actions, alors en justice, ce sera au juge et au procureur de lui expliquer qu'il a fait ce qui est mauvais sous une forme simple. Et après avoir passé plusieurs années en prison, c'est le délai qui est donné à l'âme pour réaliser la portée de l'infraction et revoir ses actions dans sa vie en général. L'âme doit se rendre compte qu'elle a agi de manière incorrecte, afin de ne pas continuer dans la même voie. La prison représente une punition très sévère pour celui qui a la soif de vivre comme il lui plait, ignorant les normes sociales de conduite et la moralité de la société.

Nous arrivons donc à l'idée que le Système positif dans sa lutte pour ses âmes, utilise des **peines sévères**. Mais ces mesures ne sont appliquées qu'après que l'âme ait souvent reçu des signaux doux et humains d'avertissement, indiquant qu'elle a choisi le mauvais chemin, et qu'elle n'y réagit pas.

Les châtiments dépendent également du degré de développement de l'âme. Au début, ce ne sont que des sanctions insignifiantes, et si cela ne marche pas, des mesures sévères sont utilisées.

Parfois, par exemple, dans le domaine de la production, un individu commet des infractions mineures (retard au travail, travail non fait à temps, bavarde et fume tout le temps, utilisant ainsi le temps du travail à d'autres fins) et alors il se voit privé de récompenses ou fait l'objet de réprimandes. Cela constitue le premier degré de punition.

Si par sa faute, une machine-outil est cassée ou une voiture, une pièce chère est abimée, alors il devrait prendre en charge le dédommagement matériel. **La sanction et le dédommagement matéri**el sont une mesure prise pour ramener l'employé à l'ordre. Et c'est là le second degré de punition pour l'individu positif. Le troisième degré de punition, c'est le licenciement de la société, quand la personne ne veut pas répondre aux exigences de l'équipe, et à plusieurs reprises elle trouble l'ordre de ses travaux.

Les **punitions matérielles** appliquées par le Système positif comprennent non seulement les dédommagements, établis par les responsables au travail, mais aussi d'autres **pertes matérielles**. Il y a également des pénalités prévues par les Êtres Suprêmes et introduites dans le programme de la vie sous forme de punition karmique. Lorsqu'une personne a été victime d'un vol de biens, de voiture, de chalet ou de garage brûlé, même si elle se fait voler son portefeuille de sa poche, c'est une sorte de punition pour certaines actions posées et contraires aux lois du développement positif. L'homme devrait nécessairement penser au vrai sens de cette perte selon la volonté d'En-Haut.

Comme nous pouvons le constater, le Système positif a des méthodes opposées: **alors que le Système négatif séduit par les biens matériels, le Système positif punit l'homme en le privant de ces biens.**

Il est important de comprendre et de ne pas l'oublier, parce que l'homme pense le contraire: il croit que si l'argent lui est gagné facilement, c'est Dieu qui le récompense, et s'il en est privé, c'est le Diable qui le punit. Et de là, il fait des conclusions erronées de ses actions ou ne les analyse pas, ce qui conduit à l'accumulation des erreurs.

Mais, bien sûr, le Système positif peut également récompenser l'homme par du bien-être, lui envoyer de la richesse pour tester les qualités de l'âme, ou pour l'exécution d'une tâche bien définie, mais dans tout cela, il faudrait une démarche de compréhension individuelle. Ayant acquis la richesse, l'homme doit se demander, l'essence de cette richesse et de Qui (de Dieu ou du Diable) elle provient. Il est important d'utiliser les biens qui sont acquis, non pas pour le plaisir, mais pour un développement spirituel de soi-même, des  parents et d'autres, dans l'aide aux nécessiteux, l'extension ou la création d'emplois pour les chômeurs, la fondation d'écoles, les installations sportives, hôpitaux, culturels, les lieux de loisirs pour les travailleurs et les enfants, les centres de réadaptation, les centres d'art, etc.

Mais, analysons la méthode suivante de lutte pour l'âme par le Système positif.

L'homme est soumis à des situations tragiques dans le but de revenir sur le droit chemin.

Dans le cas où un individu mène une vie déréglée, libertine: il mange, boit, fait le tour des restaurants, n'apprend rien, alors pour l'arrêter dans la voie de la dégradation, afin qu'il pense à sa vie et qu'il change quelque chose en lui dans le sens du progrès de l'âme, les Êtres Suprêmes peuvent lui soumettre un cas d'accident. L'homme pourrait avoir de graves blessures. Il restera à l'hôpital pendant six mois, substituant la poursuite des plaisirs à la lutte pour la survie.

Cela constitue une punition sévère. Mais les Suprêmes n'ont pas d'autres possibilités d'obliger la personne à changer d'esprit, bon nombre d'individus ne commencent à penser qu'après le châtiment. Si les Êtres Suprêmes ne tentent pas d'arrêter l'individu de cette façon, alors, il continuera à mener un mode de vie déréglé, il se dégradera complètement, vivra une vie gâchée, gaspillant son énergie destinée à sa vie, et rien ne sera acquis en retour.

Une telle âme peut être soumise au décodage, ou sera transmise au Système négatif. Autrement dit, le Système positif la perdra complètement, si elle ne cesse de vivre ce mode de dégradation ou l'accumulation de qualités négatives. La punition, même sévère, mais significative, pourrait faire revenir la personne sur le droit chemin de la vie. Il pourra repenser son comportement (ou à cause de son traumatisme, il ne sera pas capable de vivre une vie déréglée comme avant, et se mettra à lutter pour quelque chose de plus utile), ce qui permettra à l'âme de rester dans le Système de Dieu.

Ou un autre type de châtiment: quelqu'un meurt dans la famille d'une personne; ou encore il perd soudain tout ce qu'il avait; ou quelque chose de ce genre, mais qui lui est très cher. Tout cela constitue des mesures pour le ramener dans le droit chemin. La souffrance oblige les gens à voir la vie différemment, et ainsi redevenir une personne pensante, sans une vie vécue en vain ou de manière égoïste vers un but illusoire.

Le retour de l'homme dans la voie positive ne se fait pas seulement par le moyen d'une situation tragique, mais aussi par la maladie, conduisant à un handicap, l'incarnation dans la prochaine vie dans un corps défectueux ou un corps ayant des signes de certains défauts partiels: strabisme, claudication, long nez, bégaiement, etc. Tout, même le plus petit détail dans le corps de l'homme a un impact sur le changement dans son comportement. Il est clair qu'une personne saine et belle ne se comporte pas du tout comme un monstre. La première est pleine d'arrogance et de l'insouciance, et l'autre, silencieuse, reste imperceptible et discrète. L'apparence physique a un impact sur la différence dans le comportement. Si ces âmes changent d'apparence, elles changeront également leur comportement à l'opposé. La raison est l'absence dans l'âme de qualités stables de caractère positif.

Pour rééduquer l'âme et la maintenir dans certaines limites de comportement, certains défauts peuvent leur être attribués à l'avance, pour la prévention des crimes et des erreurs. Parfois, un petit défaut permet de garder la personne loin de nombreuses mauvaises actions, de la vie de débauche, ainsi dire, de garder cette personne dans la voie positive. Pour cette raison, les Suprêmes attribuent spécialement ces «menus détails» (défauts) dans l'apparence de l'homme, ce qui permet à beaucoup d'âmes de rester sur le droit chemin.

De nombreuses **maladies chroniques et d'autres**, ne sont pas subies dans un but de punition uniquement, mais aussi pour garder la personne sur la bonne voie.

Par exemple, une personne souffre d'une gastrite à vie, d'un estomac malade. Si cet individu apprécie sa vie, le moindre inconfort en lui-même le forcera à changer son mode de vie, alors il commencera à suivre un régime d'alimentation, cessera de boire de l'alcool, et prendra des tisanes pour se traiter, et fera des exercices physiques. Donc, pour ces âmes, la gastrite empêchera de devenir ivrogne, et elles auront une attitude différente du monde, elles ne mèneront pas une vie déréglée, car, dans ce cas, leur gastrite (par la volonté des Êtres Suprêmes) pourra se développer en ulcère, et elles devraient dans ce cas, subir une opération chirurgicale.

Dans cet état, le corps humain ne pensera pas à la tentation, ni aux caprices, mais à comment survivre. Toute sa vie il pourra la passer dans la lutte pour sa survie, tout en se traitant et menant une vie modérée, et par conséquent à la prochaine incarnation, il aura accumulé beaucoup de bonnes qualités: il sera alors un bon mari et un père décent, puisque la maladie l'a forcé à se conformer à la fidélité. (Qui a besoin d'un homme malade, à l'exception de sa femme). Il n'aura pas de penchant pour les tentations, afin de ne pas se décourager, ou pour d'autres raisons. Il apprendra à se battre pour sa personne, pourra affermir la force de sa volonté, d'amour et la qualité de fidélité, et autres. Ainsi, la maladie pour certaines âmes est un moyen de les garder sur le chemin positif, une mesure de prévention de choses stupides et du décodage.

Bien que, certes, il y a beaucoup d'autres cas où la maladie aboutit au résultat inverse: l'homme pourrait par la suite, devenir méchant et générer ainsi au contraire un certain nombre de qualités négatives. Il peut se livrer à une vie déréglée, sous prétexte qu'il vaut mieux vivre une vie courte, mais pleine de plaisir. Il peut haïr les autres, parce qu'ils sont en bonne santé, et lui, ne l'est pas, et cherchera à imaginer toutes sortes de bassesses à leur égard, pour qu'ils ne vivent pas à leur aise.

Mais de telles âmes peuvent être corrigées le long du chemin du karma, et si celui-ci (le karma) ne permet pas de les ramener sur la voie positive, une telle âme est décodée ou remise au Diable. De ce fait, elle n'aura en fin de compte aucun profit d'une telle vie libertine.

Il y a une autre façon de faire revenir l'âme au Système positif: c'est le chemin passant par la satiété.

Sans doute, cette méthode n'est pas efficace pour tout le monde, et elle n'est pas applicable à tout le monde. Elle aide à sauver quelques âmes déchues, mais cela est d'importance majeure pour Dieu, car pour Lui chaque âme est d'une valeur énorme. Quelle est cette méthode?

Supposons qu'une certaine jeune âme est attirée par des relations sexuelles non contrôlées. Les Êtres Suprêmes lui enverront des signes avec plusieurs avertissements pour lui indiquer qu'il a choisi le mauvais chemin. Ces avertissements peuvent comprendre: les maladies sexuellement transmissibles, les scandales de la part des parents, lesquels tentent de ramener la personne vers le droit chemin, les scandales et les querelles de la part de ceux avec qui elle a des relations sexuelles, des accidents routiers, la fracture d'un bras ou d'une jambe. Les échecs, les troubles, les conflits, tout cela montre qu'un individu se comporte de manière incorrecte quelque part, et il a donc besoin d'y réfléchir et de changer de style de vie.

Lorsque tous les avertissements ne s'avèrent pas efficaces, et que l'âme continue à faire défection (cela vaut pour tous les défauts), alors une telle âme est laissée seule et elle commence à suivre tranquillement son chemin. (Mais c'est un moment dangereux, témoignant de grands problèmes à l'avenir). L'individu mène sa vie de débauche sexuelle jusqu'à la vieillesse ou une maladie grave surviendra au milieu de sa vie. Et puis après, vient la punition, le juste châtiment pour ses vices.

Dans un tel cas de développement, l'âme peut réagir de manière ambivalente dans la liberté de relations qui lui est donnée. Les relations sexuelles chaque jour, c'est une même action monotone, et la monotonie fatigue toujours, elle devient ennuyeuse. En outre, un tel comportement exclut la présence de l'amour, d'amis. Cet individu restera isolé un jour, entouré par le mépris des autres. Resté seul, inutile aux yeux de tous, il se sent en lui un terrible vide, et commence à donner un sens à sa vie, en voyant que tout le temps a été passé dans la course aux plaisirs illusoires, et en fin de compte, il a obtenu une déception brutale: personne ne l'aime et personne n'a besoin de lui.

Rassasié des mêmes plaisirs en permanence (un jour, il en éprouvera du dégoût, s'en ennuiera), ce qui l'amènera à changer sa vision du plaisir et de la vie. Si cette nouvelle vision de la vie survient à mi-chemin, alors une telle personne est capable de changer radicalement pour le mieux. Elle pourra devenir un bon père de famille, un père attentionné et honnête, et les scènes de débauche sexuelle lui feront ressentir de la répulsion. Donc, celle-là sera une âme sauvée. Elle restera sur le bon chemin positif, ayant passé par la purification à travers la souffrance ultérieure, et un tel individu pourra même éventuellement être moraliste de haut niveau, du fait que la cellule de sa matrice a été remplie d'énergie d'une certaine qualité, ce qui signifie que la personne perdra à jamais le désir menant aux actions de remplissage de cette cellule. Autrement dit, dès que la cellule est remplie d'énergie, le processus de ce Niveau se termine automatiquement. C'est un mécanisme de commande agissant dans chaque cellule.

Mais qu'arrive-t-il à ceux qui ne s'arrêtent pas, et qui ne viennent pas à satiété?

Ils seront : soit décodés, ou soit transmis au Système négatif. (Maniaques de tous les gabarits de perversions sexuelles, ce sont des âmes des catégories de personnes perverses. Remises au Diable, elles continuent à accumuler de l'énergie sombre.)

Par ailleurs, ces âmes, qui un jour en ont marre de tout et réalisent l'inutilité de leur vie, continuent leur vie dans le Système positif. Et c'est la satiété qui les a aidées dans ce sens. Cette satiété qui les a arrêtées sur la voie de la dégradation.

Ainsi donc, en ce qui concerne les relations sexuelles déréglées et d'autres vices, même des individus, voire négatifs peuvent s'en débarrasser par la satiété, qui, toutefois, s'étend sur de nombreuses incarnations ultérieures. Ce genre de relations sexuelles, même pour les individus hautement négatifs ou positives, peuvent s'avérer dégoûtantes. Après tout, ceux-ci et d'autres, dans leur vie ou dans une autre, les rapports sexuels ont lieu dans les relations conjugales et dans les limites des normes de la décence, définies par la période de temps en cours. La cellule de leur matrice avec cette qualité est progressivement remplie, et une fois qu'elle est pleine, la personne commence à se désintéresser du sexe et des scènes intimes dans les films, au théâtre, dans les livres. La passion du sexe en l'homme se transforme en une aversion.

Le dégoût apparaît même chez les individus négatifs, si le remplissage de la cellule de cette qualité atteint la limite requise. Le mécanisme d'élaboration de la qualité est tel que tout ce qui ne sera pas nécessaire à la construction de cette cellule, sera rejeté comme inutile. Le mécanisme de rejet de cet excès se transforme en sentiment de dégoût. Voilà pourquoi les Personnalités hautement développées: à la fois les positives et les négatives éprouvent au même degré de la négligence pour cette convoitise humaine. Elles ont cette cellule complètement construite ou cette mauvaise qualité à l'origine, et en raison de la volonté, a été transformée en une autre qualité.

Les extraterrestres, par exemple, ne sont pas capables de désir sexuel envers l'homme, parce que leur matrice ne contient pas de cellule de telles données. La majorité des extraterrestres matériels se reproduisent donc d'une autre manière: gemmiparité, culture à la biomasse, culture artificielle en laboratoire, grâce à la programmation, etc.

À travers la satiété, certains gloutons arrivent à se débarrasser de leur vice. Ainsi, certains enfants, ayant mangé trop de gâteau ou de chocolat dans leur enfance, ne veulent plus en manger à l'âge adulte. Ils éprouvent également une aversion due à la satiété pour ces produits.

Ainsi, par la voie de la satiété et du stade de développement, un jour la même personne peut se débarrasser de son vice. Mais cela est possible uniquement en cas de prise de conscience de ses vices. Cependant, lorsque de telles âmes sont laissées dans le Système de Dieu, elles doivent passer certaines procédures karmiques. Et, d'ailleurs, il ne faut pas exclure la possibilité d'un résultat négatif dans ce cas. Autrement dit, si la prise de conscience ne se manifeste pas par la voie de satiété, alors l'âme subit le décodage ou est remise au Système négatif.

D'autre part, les méthodes de lutte pour la conquête des âmes par le Système positif comprennent le pardon. Dieu admet que l'homme puisse faire des erreurs et le péché, étant donné son faible Niveau de développement, et donc Il est prêt à pardonner et oublier ce que l'homme a commis comme erreur, si la personne reconnaît son tort et décide de réparer la faute, ayant auparavant demandé pardon à Dieu.

Le pardon est aussi **une méthode de conquête des âmes par le Système positif**. En pardonnant, Dieu permet à l'individu de se corriger et de devenir un membre à part entière de sa hiérarchie. Autrement dit, les moyens et les méthodes de conquête de l'âme sont très subtils et invisibles aux yeux de l'homme. Ils sont d'actualité là où l'homme lui-même n'a aucune idée de sa présence.

Mais le Système positif utilise aussi des méthodes d'encouragement: il peut récompenser la personne par toutes sortes de récompenses, de prix, il met au point un système pour toutes sortes de motivations, allant de bonnes notes attribuées aux élèves à l'école et se terminant par l'affectation d'appartements et d'automobiles pour les bons résultats au travail, il récompense par la renommée, dcs monuments, la mémoire des descendants. Mais certaines techniques de motivation sont utilisées également par le Diable pour ses tentations.

Au cours du développement, les âmes d'elles-mêmes choisissent si elles iront au développement par toutes sortes de récompenses et de mesures incitatives, ou par l'intermédiaire d'un système de punition et de correction d'erreurs.

Les mêmes techniques peuvent être utilisées par les deux Systèmes d'opposition, mais à des fins différentes. Par exemple, la richesse matérielle peut être utilisée pour la tentation et la séduction de l'homme, en le détournant du droit chemin, mais aussi comme récompense bien méritée pour le passage à un certain stade de développement.

La lutte de Dieu comprend également **le Karma et la liberté**, mais nous en reparlerons plus tard.

LES MÉTHODES DE CONQUÊTE DE L'ÂME PAR LE SYSTÈME NÉGATIF

À l'opposé, dans l'éducation, le Système négatif met à la disposition de l'homme des tentations, dont le but est ne pas offrir à l'homme du plaisir, mais de le séduire, de le détourner du droit chemin qui mène à Dieu.

Quel que soit le Niveau de développement de l'âme, elle connaîtra les tentations et les séductions. Chaque Niveau a ses propres facteurs pour attirer, donc avec l'amélioration de l'âme, les tentations et les séductions imposées à la personne, vont changer.

Pourquoi les tentations sont-elles mises en œuvre?

Elles sont mises en œuvre pour que le Diable puisse attirer l'âme dans son camp, mais l'essence même la plus importante de la tentation est que l'âme apprenne à reconnaître le chemin qui mène à Dieu et celui qui mène au Diable, le chemin qui le dévie de la perfection et le mène à la dégradation. L'âme doit apprendre à penser et prévoir les conséquences de ses actions.

Il suffit de dire assez fermement «non» à la tentation et à la séduction, d'éviter des conséquences négatives dans la vie présente et future.

Celui qui sait ce qui pourrait se cacher derrière les séductions, et les éviter à temps, celui-là pourra éviter le coup du Destin à l'avenir, car les tentations auront un grand prix à payer par l'homme plus tard, et péniblement. Par exemple, une jeune fille est séduite par un jeune homme et s'aventure avec lui dans une relation intime. Par la suite, elle a un enfant hors mariage, et le jeune la quitte. Comme conséquence, elle paiera pour toute sa tentation toute la vie. Cinq minutes de plaisir, et 20 ans à en payer le prix. Cette situation se voit maintenant chez beaucoup de personnes. Mais il aurait suffi de dire fermement «non» à la tentation, et il aurait été possible d'éviter beaucoup de problèmes, qui peuvent entrainer à l'avenir le prix à payer pour une action inappropriée.

L'homme est témoin de telles choses à la télévision, lit des histoires à ce sujet dans les livres, mais ne veut pas tirer une leçon des exemples des autres. Il s'efforce de se faire des illusions, prétendant qu'on l'aime sincèrement et donc rien de mal ne saurait se produire. L'excès de confiance en soi, lorsqu'on n'est pas dans la possibilité de parer à tous les maux, joue à l'homme un mauvais tour, qui le conduit à la tentation et au prix à payer. Par ailleurs, la personne est encore faible de volonté, elle n'est donc pas en mesure de résister à la tentation et ne peut pas dire un «non» ferme au tentateur.

De plus, les tentations sont toujours douces, agréables, et parfois époustouflantes dans leur attraction, et de ce fait, elles s'avèrent être plus fortes que l'interdiction «il ne faut pas» et plus fortes que la peur d'être puni. Le désir de goûter à la douce tentation incite l'homme à d'autres infractions: le mensonge, la ruse, l'hypocrisie. Et parfois, pour cacher les vices ou les crimes au nom de la tentation, l'homme commet beaucoup d'autres crimes.

Par exemple, il parvient à voler une grosse somme d'argent, cédant ainsi à la tentation. L'argent constitue toujours la tentation la plus attrayante, parce qu'il est possible d'en utiliser pour obtenir de nombreux autres plaisirs: à manger et à boire en grande quantité, posséder toutes les femmes, des biens matériels, la possibilité de voyager, jouer au casino. Le vol est un crime en soi. Mais il y a eu des témoins, et l'homme se voit dans l'obligation de les éliminer. Donc, un crime engendre d'autres à l'avenir. Et tout cela, est accompagné d'un ensemble d'énergies «sombres» dans la matrice de l'âme. Et dans le cas où cette personne parvient à échapper à la justice, il ne tardera pas à dépenser activement l'argent volé dans les tentations: il ripaillera dans les restaurants, s'adonnera à la débauche, et suivra les caprices de ses désirs matériels: s'acheter une voiture, un appartement, des meubles coûteux.

Sur la base de la satisfaction des bas désirs, l'individu produit de l'énergie dite «défectueuse», laquelle s'accumule dans son enveloppe subtile et qui doit en être rejetée après la mort. L'énergie provenant des tentations et des plaisirs, n'est pas acceptée dans la construction de la matrice de l'âme, parce qu'elle se rapporte à la gamme basse. Alors que le développement nécessite l'accumulation d'énergie de haut spectre.

Cet individu avait bénéficié de l'énergie pour son développement, pour le processus de construction dans la matrice de certaines qualités utiles, mais lui, par exemple, au lieu de s'occuper de ses études à l'institut, a choisi de faire le tour des discothèques, et donc à dépenser de l'énergie allouée par les Suprêmes pour sa vie, non pas dans des actions qui devraient promouvoir les progrès de son âme à ce stade de développement, mais à autre chose. Par conséquent, dans la vie à venir, selon les lois du karma, il devra travailler pour rembourser les dettes, et en même temps il sera dans l'obligation de réussir dans la nouvelle phase de développement.

Ainsi, en raison de la tentation, l'âme a pu être déviée de la bonne voie et s'est compliquée la vie de l'individu, parce qu'il doit maintenant rembourser les anciennes dettes de la vie passée et se parfaire dans la vie actuelle. Autrement dit, il devra travailler en mode double. Et de là, la question se pose: «Pourquoi vivons-nous si péniblement?» (Parce que nous récupérons l'énergie que nous avons dépensée dans les mauvaises actions.)

La force de la tentation est très grande, parce que dans chacune d'elle, le Diable introduit des mécanismes d'attraction particuliers. Ce que l'homme appelle parfois de la passion envahissante, n'est peut-être juste que de l'obsession que parfois le Système négatif met spécialement en œuvre pour le tenter et le conduire vers la chute.

Une autre forme de passion peut être l'instinct animal, qui se manifeste sous la forme d'un fort désir en cas de présence dans l'âme d'un potentiel de petite énergie. Mais dans les deux cas (obsessions et instinct animal), la passion se réfère aux plus faibles sensations humaines, et sa présence en l'homme est une preuve de son faible niveau de développement. Les âmes moyennes et supérieures ne sont pas guidées par la passion, mais par le vrai amour. L'homme doit toujours apprendre à gérer ses sentiments, ses passions, et de les subordonner à l'esprit et à l'âme.

Pour résister à la tentation, l'homme dans les premiers stades de développement devrait investir le meilleur de ses forces. Dans la confrontation avec celles-ci (les passions), intervient généralement la volonté de la personne, alors, cette volonté devrait être développée le plus tôt possible dans la vie. **La volonté est capable de d'inhiber toute tentation et de résister à toute séduction**. Mais, certes, cela n'apparaît pas chez une personne en soi, mais il est nécessaire de l'obtenir après un travail dur, autrement dit, d'apprendre à se priver des excès, à se forcer pour surmonter les difficultés, et à faire face aux mêmes tentations.

Toute tentation provient du Système négatif, du moment où elle constitue un moyen de conquête de l'âme par le Diable. Ce dernier rend toujours la tentation plus flatteuse, en faisant un sentiment enivrant qui sera envoyé à l'homme tenté pour qu'il ne puisse y résister. Par conséquent, lorsque de tels sentiments de séduction apparaissent, il faut les éviter. Ce n'est qu'un piège du Diable.

L'ivrogne se sent également très bien, pendant qu'il boit, et l'alcool est dans son sang; les toxicomanes se prélassent sous l'influence de drogues. Et là également, il y a ce sentiment capiteux, enivrant, de bonheur que le Diable rattache à la tentation.

Les sensations et les sentiments doux, le plus souvent, sont un leurre du Diable. Il faut donc y faire attention quand ils se manifestent. Les sentiments grisants constituent l'hameçon par lequel le Diable attrape les pécheurs. Mais ces sentiments sont créés artificiellement. Et rien d'autre que l'énergie «sale» et les viles passions sont attribués.

Avec le Niveau de développement humain, l'homme devient résistant aux tentations basses, il est difficile de le faire céder aux tentations du vin, des femmes, des drogues, mais les tentations varient selon le degré des Niveaux.

Cependant, certaines âmes, ayant acquis de l'intelligence et d'autres nouvelles qualités pendant la période d'incarnations multiples, commencent à apprécier les tentations encore plus que dans leur première incarnation. Dans le passé, leur intelligence était à ses débuts, la prise de conscience de la vie était primitive, et l'absence d'un grand nombre des qualités d'esthétique et d'éthique n'a pas permis de profiter des tentations pleinement et dans toutes ses subtilités. Donc, le développement permet souvent à l'individu d'aiguiser la perception des tentations, il commence à comprendre leur multiple face. Mais ce n'est pas donné à tout le monde, mais seulement à quelques-uns.

Prenons l'exemple de cette vieille tentation, qui est la séduction de la femme. Au bas Niveau, ce sont des relations sexuelles animales, primitives, brutales, sans aucun préliminaire de galanterie. Mais au Niveau moyen, la femme est transformée en un mécanisme subtil et multiforme de la tentation. L'individu ne la voit plus dans les traits généraux, mais dégage de nombreuses nuances dans son comportement et son apparence. Tout se transforme en une séduction subtile: coup d'œil jeté par hasard, jeu de lèvres, de sourcils, attirance de l'éclat des lèvres et odeur des cheveux, démarche, cou de cygne, bras minces, longues jambes et tout le reste. Dans la tentation de la «femme» apparaissent des milliers de nuances et de traits particuliers, instaurant la voie vers la séduction, au péché.

Mais on peut se poser la question: comment se passe la conquête de l'âme au premier Niveau de la hiérarchie de l'humanité terrestre?

La lutte principale se déroule pour la conquête des âmes jeunes et inexpérimentées au cours des dix incarnations. Les âmes sont soumises aux situations difficiles de la vie correspondante à leur Niveau.

Chaque âme a en elle un ensemble de désirs dans son programme, et qui la dirigent vers des objectifs spécifiques: le bon, qui assure son développement; et le faux, qui contribue à la dégradation. Autrement dit, l'ensemble de désirs de Niveau comprend des désirs positifs (la bonté, l'amour, la justice, l'honnêteté, la sincérité, etc.) et les négatifs (la soif de plaisir, la satisfaction des passions primitives, le laisser-aller, etc.). Mais dans les situations de la vie, apparaissent des tentations, des séductions qui sont apportées par d'autres personnes dans votre situation de vie, et comprennent des moments de choix qui contribuent à la séparation des âmes en positives et négatives.

Au cours des dix incarnations, l'individu bénéficiera de programmes inférieurs, mais dans chacun d'eux il lui sera donné une possibilité de revenir sur le droit chemin. À cette fin, les Maîtres Suprêmes incluront dans ce programme des situations de la vie avec toutes sortes de punitions, de souffrances et de maladies. L'individu aura sur son chemin des personnes positives qui vont tenter de le convaincre de ne pas mener un mode de vie malsain. Les Êtres Suprêmes utiliseront tout l'arsenal d'outils et de mécanismes, conçus pour retourner l'individu à une moralité et une éthique supérieures.

Et à ce stade déjà, tout dépendra de l'âme elle-même, et de ce qu'elle préférera choisir dans chaque vie: le bien ou le mal, la tentation, ou des expériences de connaissances, le bas ou le haut. L'inaccessibilité à la mémoire du passé permet de mener cette expérience de manière efficace. L'âme ne se souvient pas de ce qu'elle a fait dans la précédente incarnation, de toutes les erreurs commises, et **chaque fois cela lui donnera la possibilité de tout recommencer à partir de zéro, de commencer une nouvelle vie de juste**. Dans chaque nouvelle vie tout dépend une fois de plus de son choix, de ce qu'elle préfère.

De ce fait, au cours de toutes les dix vies, les Suprêmes offrent à la jeune âme une chance de se corriger et d'aller vers le Système positif. En offrant cette chance, ils luttent par la même occasion pour la conquête de l'âme, et tous leurs programmes avec différentes méthodes d'éducation sont basés sur le retour des âmes à Dieu.

En fonction de ce que l'âme aura choisi dans sa vie, des actes qu'elles posent, elle accumulera dans sa matrice, différents types d'énergie.

L'énergie des actions négatives, telles que le meurtre, le mensonge, le vol remplissent la partie négative de la matrice, et se mettent à former les qualités négatives correspondantes, et l'énergie de satisfaction, des passions basses, des tentations (manger gras, boire du vin, acquérir une belle chose, organiser souvent des soirées pour les amis en passe-temps vain, etc.), est retenue dans des enveloppes subtiles temporaires. Donc, certaines énergies négatives sont acheminées vers la matrice, et d'autres restent dans l'enveloppe éthérée, astrale et mentale, puis déchargées.

Seulement les types d'énergie qui contribuent à l'amélioration de l'âme dans le sens négatif ou positif, ont accès à la matrice. Toutefois, l'énergie de la tentation ne contribue pas au développement, elle est gardée loin de l'évolution, et ainsi mise de côté. Il y a un filtrage strict d'énergie, et ces mécanismes les classent dans des enveloppes de structure subtile et dans la matrice. Tout se fait automatiquement.

Mais les dix premières vies sont un passage d'épreuves pour l'âme. Après ces épreuves, il y aura, pour ainsi dire, le résultat décidé par les Personnalités Supérieures, dirigeant l'activité des hommes. Après dix vies d'épreuves, les jeunes âmes sont analysées par un conseil spécial, qui définira par des indicateurs standards, les différentes caractéristiques de l'âme. Pour chaque Niveau, il existe des règlements. Toutes les âmes ayant accumulé plus d'énergies négatives sont immédiatement triées et séparées des âmes positives.

Ci-après, nous examinerons l'aspect qualitatif de leurs incarnations passées, les actes qui ont été commis, l'objet de leurs aspirations, quels crimes elles ont commis et à quelles tentations elles ont cédé dans la vie.

Pour les crimes graves et la corruption, certaines âmes sont détruites, décodées, si elles n'ont entre autres, aucun mérite, et n'ont acquis rien d'utile au fil des ans pour elles-mêmes. Ces âmes sont considérées comme inutiles. Si l'âme a acquis au moins quelque chose de positif au cours des dix incarnations, il lui est donné encore une fois une chance de se corriger et elle reste dans l'évolution, en tâchant de se rattraper de plusieurs façons (principalement selon des méthodes coercitives) pour les erreurs du passé.

Même les meurtriers peuvent être différents, et pour cette raison, les Juges évaluent nécessairement les raisons de leurs actes. L'un tue, par exemple, pour le simple plaisir ou tout simplement pour que

quelqu'un ne lui soit pas gênant. De telles âmes sont décodées. Les tueurs stupides et les assassins pour le plaisir ne sont pas utiles, même pour le Hiérarque négatif.

Mais il y a d'autres types d'assassins, qui sont guidés par une certaine idée: ils se vengent pour des parents tués, pour des maisons et des villes détruites, pour l'honneur offensé, etc. Il y a des tueurs à gages, qui tuent sur ordre de tiers, justifiant cet acte par le fait que leur victime a usurpé des fonds de d'autres personnes, malhonnêtes, et vit une vie déréglée, et ne respecte pas les autres. Chaque tueur est guidé par son idée, il tue non pas parce que cela lui plait, mais parce qu'il a recours au mal pour se faire de l'argent. Autrement dit, il se parfait dans le mal.

Pendant la guerre, beaucoup de gens se transforment en tueurs, mais un soldat quelconque tuera seulement sur ordre du chef, et un autre tuera toute personne qui tombe dans son champ de mire, y compris des civils. Il va tirer sur des personnes, parce qu'il sent son pouvoir sur les autres, et il éprouve la soif de les mettre tous à genoux. Il aime paraître fort et disposer de la vie de d'autres personnes.

Autrement dit, les motifs d'assassinat sont très divers, et les Suprêmes prennent nécessairement en compte tous les détails des événements, en particulier au sens moral et éthique du comportement négatif. C'est le motif qui joue un rôle majeur dans l'évaluation de l'événement. Une personne tue un autre pour s'accaparer de ses biens, et un autre tuera quelqu'un en légitime défense, ainsi, ces faits constituent des catégories différentes de meurtres, qui devraient être analysées différemment par les Juges.

Les Juges Suprêmes vont en premier lieu essayer de comprendre les motivations intérieures des actions et des crimes, et après cela, certaines personnes négatives seront envoyées au décodage, d'autres seront envoyées à Dieu pour rééducation par le mécanisme du karma, et le reste ira au Hiérarque négatif.

À son tour, cet Hiérarque ne les accepte pas tout sans distinction, il choisit les meilleurs avec des qualités capables de se développer. Et donc, après 10 incarnations, la division des âmes en deux groupes d'évolution a lieu : positives et négatives. Certaines âmes sont rattachées au Système de Dieu, d'autres vont au Système du Diable, et par la suite, elles se développent sous différents programmes.

La première phase de la lutte pour la conquête des jeunes âmes prend fin après 10 incarnations.

Mais comment se passe la lutte pour leur conquête par la suite? Et est-il nécessaire de continuer à les conquérir après qu'elles ont été rattachées à des Systèmes opposés?

Il est clair que les âmes qui reviennent au Diable ne continuent pas de faire l'objet de conquête de la part du Système positif, parce que celles-ci n'ont d'options de choix dans leurs programmes. Et cela signifie que, quel que soit, ce qu'on leur proposerait, peu importe à quel degré elles seraient tentées par la bonté, l'amour et la justice, elles feront seulement ce qui est écrit dans leur programme par le Diable. Les tentations du Système positif n'ont sur elles aucun effet. Elles ne sont pas libres de choisir quoi que ce soit. Par conséquent, les ramener d'une façon ou d'une autre à Dieu est impossible.

Mais les âmes positives à cet égard ne sont pas à l'abri de la séduction. Leurs programmes comprennent en soi la liberté de choix, donc le Système négatif peut utiliser cette occasion à son profit. Pour cette raison, ils continuent de tenter les hommes de Dieu et ils continueront d'attendre jusqu'à ce qu'ils fassent beaucoup d'erreurs, puis seront expulsés par les Juges du Système positif.

Cependant, on peut se demander, pourquoi le Système négatif continue d'avoir la possibilité de séduire les âmes et les attirer, si elles sont déjà rattachées au Système positif?

Le fait est que les âmes qui sont sous la subordination du Système de Dieu, ne deviennent pas justes dans tout leur ensemble. Elles sont pleines de vices et de traits négatifs. Après quelques incarnations, elles n'ont pas encore appris à vivre correctement et hautement au sens spirituel. Un comportement correct, une conscience élevée, la justice et la spiritualité ne s'apprennent pas en moins d'une centaine de vies, parce qu'une haute qualité se construit pendant une longue période de temps.

Par ailleurs, le Système négatif ne néglige jamais les âmes, qui sont passées du côté de Dieu, après leur séparation. Une attention particulière est accordée aux **âmes moyennes**, parce que, plus est développé l'individu, et plus il est intéressant pour le Diable. Il conçoit à leur intention de plus en plus de tentations nouvelles: machines à sous, casino, jeux d'ordinateur, il leur donne la possibilité d'acheter un palais à l'étranger (d'autant plus que l'achat de villas dans son pays devient ennuyeux). Tout cela ne leur suffit plus, alors ils commencent à acheter des avions et des navires. Le Système négatif développe en eux de plus en plus de nouveaux types de vices: l'amour entre des hommes (apparaissent ainsi des homosexuels) et des femmes entre elles, comme si les formes anciennes de l'amour les ennuient etc. Autrement dit, le Diable les pousse à toutes sortes de perversions.

Ainsi donc, quel que soit le Niveau de la hiérarchie humaine sur Terre, il y aura partout des tentations qui guettent, conçues par le Système négatif dans le but d'attirer les âmes sous sa hiérarchie. Et l'homme, sachant que le vin est mauvais, et le rejette, peut succomber à une autre tentation, telles que les machines à sous.

Mais le Système positif, lui se comporte avec compréhension quant aux erreurs commises par les jeunes âmes. N'ayant pas assez de connaissances du monde, il est difficile de ne pas faire des erreurs. Tout le monde comprend cela. Par conséquent, Dieu leur permet de corriger les erreurs et de parvenir à la compréhension humaine de leurs actions, en utilisant le mécanisme de la réincarnation et du karma. Mais les erreurs peuvent également être différentes selon le degré de gravité, et ainsi, certaines peuvent être pardonnées, d'autres corrigées, mais pour certaines, ce sera le chemin vers le Système négatif.

Les Êtres Suprêmes ont leurs propres règles dans tout et leurs indices spécifiques, appliqués lors de l'évaluation de la gravité des péchés et des actes illicites de l'homme. Si l'âme moyenne commet des erreurs mineures, ce qui signifie qu'elles ne dépassent pas les limites admissibles, elles seront corrigées.

La correction des erreurs et le comportement de l'individu, comme nous l'avons souligné plus haut, se font au moyen d'un **mécanisme de karma. C'est aussi un moyen de conquête des âmes pour les Systèmes positifs**, car il leur permet de retrouver le droit chemin qui mène à Dieu.

Dans un but de conquête des âmes, le Diable utilise ses propres **programmes.** Ils sont conçus de manière stricte, c'est-à-dire sans options. Il oblige les individus à accumuler dans leur matrice des types d'énergies seulement nécessaires à sa hiérarchie. Le Diable ne veut pas risquer les âmes acquises, et donc ne leur donne pas de chance de revenir au Système positif. Par ailleurs, cela n'est pas rentable pour lui, parce qu'il ne sera pas obligé d'attirer des vies supplémentaires. Ses individus ne font pas d'erreurs, ils exécutent leur programme et élaborent leur matrice comme cela lui plaît.

Dieu, étant humaniste, attribue à ses âmes le droit de choisir différentes actions dans des situations de la vie, et pour cela inclue dans le programme de développement diverses voies de développement. Il ne souhaite pas porter atteinte à la liberté de choix de ses subordonnés, et cela constitue une méthode humaine de conquête humaine des âmes, ainsi chaque pécheur espère que Dieu pardonnera tout et aura pitié de lui. Par conséquent, il essaie par tous les moyens de rester dans le Système positif, et quoi qu'il en soit, de ne pas tomber dans les griffes du Diable, qui ne lui donnera pas cette occasion de goûter à la liberté de choix et la possibilité de choisir ce qu'on veut. Voilà ce qui retient beaucoup d'âmes dans le Système positif, les obligeant à se repentir et à demander pardon à Dieu.

Mais la liberté d'action accordée par Dieu à l'homme, contribue au fait que l'homme commet beaucoup d'erreurs, de péchés, choisit la mauvaise voie de développement et devient ainsi vulnérable contre le Diable.

Mais si la liberté permet au Diable d'attirer les âmes dans son camp, alors dans quel but elle est introduite dans le Système positif de développement, ne serait-il pas mieux de l'écarter complètement? Si le Diable donne à ses âmes seulement la variante d'un programme rigide, sans liberté de choix, pourquoi Dieu ne peut-il pas utiliser la même méthode de conquête de l'âme? Mais il se trouve que lui-même crée des lacunes particulières dans son système de développement, pour que le Diable les utilise à ses propres fins. Mais apportons quelques précisions.

La liberté est attribuée dans le but de détecter les vices et les défauts en l'homme, de même, elle montre les qualités positives élevées de l'âme et en crée de nouvelles. Chez l'humain, la liberté est interprétée comme de l'impunité, ce qui lui permet de dévoiler tous les côtés bas et sales de la nature, qu'il cache généralement d'autres conditions d'existence, dans les conditions d'absence de liberté et de peur pour la conséquence de son geste, parole, ou acte.

Les hautes qualités positives de l'âme en présence de liberté, se manifestent dans le fait que, pendant que les autres révèlent leur dépravation et de milliers de caractères sales, une grande âme commence à s'en dégouter, elle se retire de l'impudique, des corrompus et des arrogants, ne souhaitant pas les suivre, et de cette manière lutte pour sauvegarder ses hautes qualités d'âme. L'éthique élevée et stable réside dans le fait que quand tout le monde autour s'adonne à la débauche, se livre aux excès, vit dans l'illégalité, l'âme supérieure comprend que tout cela est imparfait, et elle n'est pas conforme aux Commandements Divins et elle sera un jour punie.

En ce qui concerne la création de quelque chose de nouveau, la liberté y contribue, car il n'y a pas de restrictions et interdictions dans la création, dans l'imagination. Mais de plus, une âme supérieure est capable de créer un art nouveau et supérieur, donc, de nouvelles orientations de développement, alors que l'âme inférieure sera capable de créer une nouvelle orientation, mais faible, qui lui ressemble.

Après que la liberté révèle en l'homme tous les défauts et les lacunes, ces vices seront corrigés à l'aide du karma. De cette façon, beaucoup d'âmes n'ont pas la possibilité de concevoir dans leur structure subtile un volume d'énergie négative nécessaire à leur passage sous la tutelle du Diable. Les erreurs corrigées à temps permettent à l'âme de rester dans le Système de Dieu. Ainsi, **la liberté et le karma sont également compris dans les méthodes de conquête de l'âme par le Système positif.**

Tandis que le Diable forme ses individus selon des programmes à option unique, en incluant dans leur âme les qualités dont Il a besoin, la même procédure de formation de cellules de la matrice des âmes est aussi présente dans le Système positif. C'est de cette manière que se conçoit la qualité du karma. Cette dernière s'occupe de la bonne conception de l'âme. Autrement dit, par le karma, la personnalité se voit forcée par les Personnalités Suprêmes de Dieu à corriger les erreurs et construire ses cellules dans la matrice les qualités qui correspondent à l'image de l'existence dans les mondes de Dieu. Si l'individu positif avait la possibilité de générer ces qualités, alors le karma ne lui aurait pas été nécessaire. Mais puisqu'il lui manque de conscience, d'esprit, de morale, de se former au gré de Dieu, alors ses structures subtiles seront construites artificiellement, en ayant recours au traitement karmique.

Et cette conquête de l'âme continue jusqu'au centième Niveau de la hiérarchie humaine. Le Système positif durcit ses exigences pour les âmes moyennes et supérieures, parce qu'il estime que les individus les plus développés devraient avoir plus de rigueur dans leurs actions personnelles, actes, pensées, car ils comprennent déjà ce qui est bien, mal, tentations et ainsi de suite. Pour cette raison, si l'individu après une période de vie saine commet un péché inattendu, il subira une punition sévère. Si cela se répète à l'avenir, une telle âme peut passer au Système négatif, même de Niveau intermédiaire et supérieur.

Nous donnons l'exemple suivant.

Un ingénieur subalterne occupe un poste de chef d'équipe dans une usine. Une politique de restructuration voit le jour dans le pays, le pouvoir change et l'économie, les vieux concepts et l'ensemble de l'ancienne organisation de production s'effritent. Cet ingénieur parvient à prendre le contrôle de gestion de l'usine entière, puis par voie de supercherie, il devient propriétaire de cette énorme unité de production. Avec l'argent des travailleurs de l'usine, il la rachète (par le système de coupons), et après rachète pour une bouchée de pain les actions et les bons des ouvriers, et de cette façon il devient le propriétaire absolu et unique de l'usine. En un très court laps de temps, il en est devenu le propriétaire, possédant des fonds en milliards de dollars. Cet homme croit que le Destin lui a souri, mais c'est en fait le Système négatif qui lui a ouvert la voie de la tentation, celle de devenir propriétaire de l'usine, et il y a succombé. Il a succombé à la tentation, en trompant, sans se demander s'il agissait décemment, ou s'il avait le droit de s'approprier à ce qui appartient à tous.

Ce qu'il a fait ne peut pas être traité avec recours au karma, parce qu'il a pris possession de biens, qu'il n'aurait pas pu gagner honnêtement pendant une période de mille vies. Pour les Êtres Suprêmes, un tel traitement n'est plus profitable, donc il est plus facile qu'une telle âme soit transférée au Système négatif. Mais elle doit être remise, bien sûr, en contrepartie de rémunération, de recouvrement des frais du coût de son développement antérieur, pris en charge par le Système positif.

Les individus (âmes) supérieures peuvent également être tentés par le pouvoir. Lorsqu'ils étaient aux bas Niveaux, ils étaient dans des situations où ils ne pouvaient jamais s'imaginer être la tête de quoi que ce soit. Ils ne pouvaient même pas en rêver, parce que le bas niveau limite l'individu même dans les rêves: les âmes de Niveau inférieur ont aussi des rêves inférieurs (acheter une moto, une bonne veste, un survêtement, se trouver un emploi). Mais quand l'âme se développe, la gamme de ses désirs s'élargit, et ainsi, l'homme dans les nouvelles situations de la vie, peut se retrouver en train de formuler un désir auquel il ne rêvait pas auparavant au Niveau inférieur. Et ayant oublié la morale et la justice, il commence à chercher à réaliser de nouveaux désirs.

Au nouveau Niveau, il veut tout d'abord devenir président de son pays, puis voudrait conquérir le monde. Ainsi, des désirs personnels peuvent se passer de la possession d'une maison personnelle à la possession du monde entier.

Mais, ces failles dans le développement, lorsque l'âme passe brutalement du positif au négatif, ne se produisent que chez ceux qui les parties positive et négative de l'âme trinitaire sont en équilibre, ou quand la prédominance de l'un sur l'autre est insignifiante. C'est un équilibre instable. Cette instabilité conduit souvent à des défaillances dans les désirs.

Si la partie positive de la matrice prédomine dans l'âme, cette âme est toujours en état de contrôler tous ses désirs et elle est en mesure de prendre les bonnes décisions, profitables aux Suprêmes. Le Système négatif est incapable de séduire une telle âme.

Par ailleurs, le Système négatif **dans sa lutte pour la conquête** des âmes **a recours à la peur humaine, à l'intimidation.** Par peur d'être tué, l'homme peut trahir, voler, commettre toutes sortes de bassesses. Par peur de se retrouver en prison, il est capable d'accuser à tort un autre, par crainte d'être licencié, il peut aduler et raconter des ragots sur ses collègues; et par crainte que son péché sera connu de quelqu'un d'autre, il se mettra à mentir et à se cacher.

Tout cela donne lieu à la dépendance karmique et prolonge le séjour de la personne sur Terre, ce qui signifie qu'augmentent les chances du Système négatif dans l'attraction de ces âmes dans sa subordination. Après tout, plus l'homme vit, et plus il est exposé à l'accumulation d'énergies négatives dans sa matrice, et cela va contribuer au fait qu'un jour, à la suite de nombreuses erreurs humaines, de l'énergie «sombre» trouvera refuge dans son âme, et celle-ci sera livrée au Diable. Pour cette raison, le Diable a intérêt à ce que l'âme reste le plus longtemps possible dans la vie sur Terre. Plus elle reste, plus elle peut accumuler de l'énergie négative, c'est ce qui constitue le risque d'un trop long séjour de l'âme sur Terre.

- - -

Faisons une petite généralisation.

Ainsi, les méthodes qui sont utilisées par le Système positif pour la retenue des âmes à son sein, sont notamment: l'éducation, l'instruction, les sanctions modérées de divers types (réprimande verbale, privation de primes, licenciement du poste de travail), les punitions sévères: prison, pertes matérielles en tant que victime de vol, incendie concernant les biens, situations tragique, maladies, défauts du corps, voie passant par la satiété, le karma, les incitations matérielles, la gloire, les diverses mesures de motivation, l'utilisation partielle d'éléments sévères dans les programmes.

Le Système négatif, dans sa conquête des âmes, utilise des programmes rigoureux pour retenir ses âmes dans la soumission, la peur, ainsi que les séductions, les tentations de toutes sortes, la corruption, la fraude. Elle dispose de moins de moyens de conquête des âmes, par rapport au Système positif, mais avec plus de tentations et d'astuces. Tandis que le Système positif a plus de diverses méthodes de conquête des âmes.

- - -

Chapitre 6
LES SITUATIONS DE DÉVELOPPEMENT SANS ISSUE

En offrant la liberté de choix à l'homme, Dieu veille à ce que cette liberté ne le conduise finalement au Système négatif. Afin d'éviter cela, sont prévues certaines mesures, lesquelles peuvent paraitre cruelles à première vue, mais elles permettent de garder l'âme dans le Système positif.

Ces mesures de rétention comprennent l'inclusion de situations sans issue dans le programme de l'individu. Elles apportent la mort de l'homme, l'arrêt d'activité et en même temps ils empêchent la dégradation de l'homme. L'homme est doté de liberté de choix, mais il dévie du chemin qui assure le développement, et qui mène au point final du programme, en faisant le mauvais choix. Il résout les problèmes dans des situations données à sa guise, non pas tel que le souhaitent les Suprêmes et le développement positif. Au moment du choix, l'individu commet une erreur fatale, ce qui est inacceptable pour son niveau de développement, et alors le mécanisme de programme le bascule automatiquement sur l'option qui mène à une impasse au point final du programme.

Aussi, les Suprêmes ne lui permettent pas de se dégrader, de se détruire, en le retirant de la vie. Du fait qu'il a fait le mauvais choix, l'homme prend le chemin qui contribue à sa régression, ce qui est inacceptable, si avant cela il avait pu obtenir quelque succès considérable dans un domaine quelconque. Cela équivaut à monter au sommet d'une montagne avec difficulté, puis à nouveau dégringoler jusqu'au pied de cette montagne. De même, les Suprêmes permettent à un individu de monter jusqu'au sommet, et pour qu'il ne revienne pas au plus bas Niveau et une nouvelle fois dépenser de l'énergie dans son ascension, ils le retirent directement de ce sommet, avant que ne se déclenche le processus dans le sens opposé.

Le retrait de la vie se produit à travers des situations sans issue, lesquelles sont conçues spécifiquement de manière à arrêter la vie de la personne en état normal, tout à fait saine. Certes, il ne meurt pas immédiatement après avoir fait le mauvais choix, mais après un certain temps, bien que cela puisse se produire très rapidement. Le plus souvent, on lui permet de se rendre compte que le choix fait dans cette situation était mauvais, et ensuite il est retiré.

Mais le temps alloué pour comprendre le moment du choix n'est pas toujours utilisé par l'individu dans le but prévu à cet effet. En général, il continue à vivre comme il vivait, sans faire de conclusions nécessaires.

Les Êtres Suprêmes sont en mesure de prédire le comportement de l'homme, connaissant son caractère. Et il n'y a rien de compliqué en cela. Lorsqu'une situation se présente, il peut y avoir généralement trois options pour la résoudre: positive, prolongeant la vie de l'homme, négative, en l'interrompant; et neutre, l'absence de prise de décision, l'incapacité de prendre toute mesure, en raison du refus de comprendre les événements qui se passent. Pour cette raison, quand une personne choisit la voie sans issue, les Suprêmes savent déjà qu'il n'est capable d'aucun jugement, de par sa nature, et ainsi le point final du programme chez cet individu peut concorder avec le moment du choix fait.

Par exemple, un homme est tenté par la vie en Amérique, a décidé d'abandonner sa terre natale, prend l'avion, mais celui-ci explose au vol. Le moment du choix a coïncidé avec le point final de son existence. (Le court laps de temps passé dans les démarches officielles n'est pris en compte).

Ou encore un autre exemple, quand un individu étant dans une situation sans issue dispose d'assez de temps pour réfléchir sur les événements qui se sont produits afin qu'il soit capable d'analyser cette situation. Un temps lui est donné, mais procéder à l'analyse ou non, dépendra de lui.

Supposons, deux amis mènent une activité économique dans une entreprise, mais l'un d'entre eux a mal réparti les bénéfices entre eux. Le perdant décide de se venger et de mettre le feu au bureau. Puis l'affaire est portée en justice, puis, la prison et en prison, il est tué. De ce fait, la personne a choisi dans cette impasse, par la vengeance, une voie de développement pour lui. Mais les Suprêmes, prévoyant une telle possibilité, l'ont retiré de la vie avant qu'il ne commence à se détériorer, et en prison cela se serait passé inévitablement.

La variante sans issue inclut souvent des événements désagréables, attribuées à l'homme comme punition, et après cela, s'en suit inévitablement son retrait de la vie.

La situation sans issue peut cacher non seulement des situations de la vie quotidienne, sociales, et même des situations de maladies humaines.

Nous donnons l'exemple suivant de retrait de la vie humaine par la maladie. Les Suprêmes ont tendance à le pousser vers la connaissance de soi-même, et d'apprendre à lutter pour sa vie de soi-même. L'homme reçoit une certaine maladie qu'il pourrait traiter lui-même sans aller chez le médecin. Le chemin du traitement autonome a été prévu de manière à ce que s'il avait le désir de lutter contre la maladie et aller à la recherche des remèdes, il rencontrerait des gens intéressants, qui lui donneraient les livres nécessaires, ce qui permet de développer de nouvelles méthodes de traitement. Le chemin d'auto-apprentissage l'aurait rehaussé également dans la voie de l'étude des connaissances en médecine traditionnelle, et en fin de compte aurait contribué au développement de sa gamme de connaissances nouvelles et utiles pour sa vie.

Toutefois, l'homme choisit la voie facile, il s'adresse sans attendre au médecin. Donc, il a transféré tous les problèmes à ce dernier, et lui-même s'est éloigné du chemin de la connaissance. Cela signifie que l'homme a refusé la voie de la perfection dans le sens prévu par les Suprêmes.

En supposant l'éventualité d'un mauvais choix, les Supérieurs suppriment ainsi une existence inutile en introduisant dans un programme, une situation sans issue. Par conséquent, la personne commence à suivre le traitement, on lui annonce une opération chirurgicale, au cours de laquelle il meurt.

Pour les Suprêmes, il est souvent important que l'homme élabore de lui-même les qualités souhaitées. Et pour cela, ils le conduisent à d'autres personnes qui lui offrent de nouvelles idées, des livres, des actions et autres. Par conséquent, quand l'homme refuse la voie du progrès en choisissant la dégradation, Ils ne lui donnent pas l'occasion de s'autodétruire pendant une longue période de temps et ainsi le récupèrent rapidement.

Bien entendu, ces exemples ne sont qu'à titre d'exemples, et non applicables à tous. Tous les programmes sont construits individuellement, et pour cela, chaque exemple est un cas isolé, est différent des autres. Tout événement dont l'homme est concerné, doit être considéré en relation avec sa tendance générale de développement, afin de comprendre la cause de sa mort prématurée, ou même une série de fiascos.

Toutes les actions extérieures peuvent être liées à ses qualités internes. Sur la base de certaines, il agit, pose des actes, et se trompe sur d'autres. Par conséquent, il est important de constater quelles sont les qualités qu'il n'a pas encore élaborées et quelles sont celles à parfaire, et aussi il est important de comprendre quelles sont les possibilités offertes à l'homme pour l'acquisition de propriétés supplémentaires, qui lui permettront de faire un pas vers le haut.

Les situations sans issue sont un piège de la mort. Mais puisqu'on y arrive toujours seulement après un choix, cela signifie que l'homme devrait y prêter attention de façon responsable. Le bon choix peut apporter le bonheur et prédisposer à une vie longue et paisible, et la mauvaise variante pourrait conduire à des troubles qui mettraient fin au séjour en ce monde. Donc, par la voie de mesures sévères, l'âme apprend à traiter de manière critique tout acte posé, d'agir, de penser et d'apprendre à voir quelques pas en avant.

LA JALOUSIE COMME MOYEN DE LUTTE POUR LA MORALE
(Qualité de la jalousie par Niveau de développement)

À l'égard d'une qualité, telle que la jalousie, l'homme depuis les temps anciens, avait un avis négatif, la considérant comme préjudiciable. Mais la jalousie, aussi, a différents aspects: il y a la jalousie d'un être cher, la jalousie dans les affaires, les compétitions, dans l'apprentissage. L'homme  est capable d'être jaloux dans presque tous les domaines.

Mais, comme toute qualité, elle a également une structure hiérarchique et se comporte de différentes manières à différents Niveaux.

Nous pouvons examiner cette qualité aux Niveaux inférieurs de développement.

La jalousie à ce niveau est considérée comme une qualité

négative. L'individu est caractérisé par l'égoïsme, un sentiment exagéré de possession, l'incapacité de partager avec les siens et avec d'autres, etc., ainsi, la jalousie est considérée comme un dérivé de ces qualités.

Les qualités ont effectivement cette capacité, telle que l'unité, ce qui donne un nouveau comportement qui en résulte, à savoir, les qualités dans leur combinaison, forment une nouvelle qualité. Cela est typique pour le sens positif du développement, et pour le sens négatif. Par exemple, le haut Niveau de conscience est formé sur la base de qualités telles que la discipline, la responsabilité de ses actes, la force mentale, l'honnêteté et autres, pour ainsi dire, un certain nombre d'attributs positifs forment ensemble une haute conscience, crée son fondement sur lequel elle commence à croitre et se développer à l'avenir. Sans la présence de ces qualités, il n'y a pas de conscience.

Il n'y a donc rien de surprenant que certaines des qualités négatives, aussi, peuvent en développer d'autres. Par exemple, la jalousie peut donner lieu naissance à un acte criminel: le vol, assassiner celui qu'on a envie. La dépravation excessive peut transformer un individu en maniaque sexuel, etc.

Mais, qui dira que la jalousie est si mauvaise et doit être combattue? Peut-être que qu'on a besoin de combattre non pas la personne qui est jalouse, mais la manière dont elle se comporte? L'homme s'est-t-il suffisamment fait une idée de cette qualité?

L'homme est habitué à justifier sa dépravation et à fausser la notion, et pour cette raison, il trouve toujours que ce n'est pas la femme infidèle qui est pécheresse, en se trouvant un amant, mais le mari qui l'aime et attend patiemment son retour. Il est vrai qu'au moment du retour, il fait une erreur, fait du scandale à sa femme et ainsi gâche son esprit amoureux et son humeur sublime.

On est blâmé donc pas par celui qui se comporte scandaleusement, mais celui qui est jaloux, et empêche ainsi l'autre de commettre le péché, l'infidélité. C'est là une compréhension perverse de la jalousie.

En réalité, **la jalousie est un moyen de lutter pour la dignité humaine, pour sa moralité.** Mais en fonction de son Niveau en conformité avec ce sentiment, une personne agit à sa manière, mais les résultats qui en résultent, peuvent être très différents.

Il ne faut pas oublier que de nombreuses explications sont insinuées à la personne par le Système négatif, parce qu'il est intéressé par la séduction de l'homme et de ses mauvais actes. Plus l'homme fait des erreurs, et plus il sera soumis à des situations karmiques, prolongeant le nombre d'incarnations sur Terre, et donc prolongeant les conditions dans lesquelles le Système négatif est capable de le séduire.

Il est possible qu'au lieu de passer au niveau suivant après vingt ans de vie, l'âme y arrive seulement après 60 incarnations. Et au cours des 40 années supplémentaires de vie, l'homme peut générer plus d'énergie négative que positive dans la matrice de l'âme. Et ce fait va l'amener à passer au Système négatif.

Autrement dit, tout peut arriver par le fait d'une mauvaise interprétation de certains des concepts par les individus. Par conséquent, l'infidélité peut conduire souvent une personne au Système négatif, et la jalousie conduira au Système positif, si à sa base il y a un souci de prise de soin de la moralité d'une autre. L'infidélité en tant que trahison est une qualité négative, ne favorise pas la formation de l'union entre les gens.

Derrière de simples et banales choses de la vie quotidienne, se cachent souvent des processus cosmiques profonds, lesquels prennent leur source sur Terre, et surtout dans l'âme des individus. L'homme pense qu'il se bat pour lui-même et son bonheur, mais en fin de compte il se trouve qu'à des mécanismes subtils de moralité, il se forme en lui des sources du futur processus d'union et des forces d'attraction.

La jalousie humaine peut se développer sur la base d'un douloureux soupçon de la personne, à cause de son manque de confiance en soi et de la peur de perdre un être cher, autrement, il y a des facteurs psychologiques, affichant ce sentiment, ainsi que des troubles de l'état de santé. Mais nous parlons ici non pas de la condition humaine qui provoque sa maladie (et toute maladie aggrave sa perception sensuelle du monde), mais il s'agit des qualités ésotériques sur la base, de leur essence, qui est incluse dans chaque qualité par les Suprêmes et qui corrompt l'homme, du fait de sa mauvaise compréhension des processus cosmiques généraux.

Examinons la jalousie, non associée aux affaires, sans ambitions professionnelles, et en général, apparaissant à la suite de la trahison d'un conjoint. Certes, l'infidélité peut sembler être le résultat d'une faiblesse du système nerveux induit de l'homme, mais, comme nous l'avons stipulé précédemment, nous parlerons des véritables faits. C'est le cas où l'un des conjoints est infidèle, mais le cache à l'autre conjoint.

Dans ce cas, les accusations de la personne jalouse auprès d'autres personnes sont absurdes. L'homme ne comprend même pas comment il déforme la véritable essence des choses. Tout le monde sait qu'il y a des normes fondamentales de la morale donnée à l'humanité de la cinquième race; il y a aussi les Commandements de Dieu, qui n'admettent pas l'infidélité des conjoints. Mais l'homme est toujours prêt de bien satisfaire ses passions viles, en renvoyant ces Commandements à la légende, et donc, de ce qui ne peut jamais être respecté. Pour cela, il s'avère que, d'une part, il connaît l'existence des interdictions, mais, d'autre part, ne les respecte pas.

Beaucoup de jeunes âmes ont élaboré, atteint une qualité de fidélité et de constance à leur partenaire depuis le monde animal, car la plupart des animaux préservent la fidélité des relations jusqu'à la fin de leur vie. Par exemple, les loups, les cygnes et d'autres représentants du monde animal sont fidèles à leur partenaire pour toute la vie. Donc, les âmes provenant du monde animal peuvent être divisées en deux catégories: chez certaines, ces qualités sont élaborées, tandis que chez d'autres on retrouve d'autres qualités d'infidélité et l'envie de changer de partenaire.

Après son arrivée au monde humain, tout homme tente de continuer à parfaire les qualités déjà acquises. Mais pour la deuxième catégorie d'âmes, cela s'avère plus difficile, car l'existence sous une forme nouvelle leur exige de développer de nouvelles lois de comportement.

Toute forme d'existence se perfectionne par l'amélioration de ses règles et normes de comportement, et dans ce cas, le passage à un Niveau plus élevé de développement augmente les exigences quant au comportement de l'être vivant, alors, ce qu'il était possible de faire sous une forme précédente, sera interdite sous la nouvelle forme d'existence. Plus le Niveau de l'âme sera élevé, et plus elle fera l'objet d'exigence de se conformer au respect de nouvelles lois de développement, et les lois elles-mêmes deviendront de plus en plus nombreuses. Ce sont les tendances de la perfection de l'évolution. Et l'homme devrait comprendre cela.

Pour cette raison, à chaque Niveau supérieur, l'âme doit faire face à certaines de ses qualités du passé, car dans le nouvel environnement, elles ont déjà l'air de défauts ou de lacunes. Le mécanisme de la lutte comprend le principe de l'amélioration et de la transformation de la basse énergie à la haute.

Par exemple, l'agressivité de l'animal, doit être transformée par l'homme en une vertu et de la compassion pour l'autre, et le besoin de changement fréquent de partenaires sexuels doit muer en fidélité et fiabilité. Cela est dû au fait que lors du passage à de nouvelles formes, les règles du comportement changent. De même, la transition d'une forme à une autre, est généralement associée au rehaussement du Niveau de l'âme, autrement dit, l'âme passe dans une gamme d'énergies plus élevée, et chaque gamme d'énergies a ses propres lois de changement et d'amélioration de leur séquence. Par conséquent, les processus qui étaient appropriés pour le Niveau inférieur, ne conviennent plus pour le monde supérieur. Bien qu'au point d'intersection de ces Niveaux, ces processus continuent à fonctionner. C'est pourquoi, sont admises aux limites inférieures d'un Niveau, de différentes formes d'action de perversion.

Mais sans transformation appropriée du style ancien de comportement en nouveau, conforme au plan donné, aucune forme ne sera pas transférée au Niveau supérieur. Tout ce qui est bas en soi doit être transformé en supérieur, et cela exige de l'homme un combat considérable avec lui-même.

Lors de l'ascension de l'âme, un processus secondaire est prévu, lequel permet à toutes les âmes qui ne sont pas capables d'assimiler les lois du comportement positives d'être jetées sur la voie négative du développement.. Et ainsi, deux courants de développement se forment, le positif et le négatif. C'est-à-dire tout ce qui est soumis aux lois divines, reste dans le domaine positif, et tout ce qui ne les respecte pas, est abandonné au domaine négatif.

Par conséquent, afin d'emprunter la voie menant à Dieu, l'âme a beaucoup de travail à faire sur soi, et particulièrement se battre avec soi-même.

Dans la gamme de ce qui précède, la jalousie est un mécanisme d'éducation de l'âme et de la lutte pour son maintien sur une trajectoire positive. La jalousie est une caractéristique de qualité propre aux Niveaux inférieurs et moyens. Et en fonction du Niveau de l'homme et des qualités générées dans le passé, elle se manifeste de différentes façons.

Aux bas Niveaux, la jalousie se manifeste en conjonction avec d'autres qualités différentes de celles du Niveau moyen, et cela donne une résultante différente de celle du Niveau moyen.

L'âme comprend que tromper son bien-aimé, en le trompant, en allant avec un autre, n'est pas permis. Mais l'ex-âme d'animal est pourvue d'agression, d'incapacité à se contrôler, à se retenir, à maîtriser ses désirs. Ainsi, la qualité de ce qui est apparu comme jalousie est accompagnée de qualités supplémentaires, dans ce cas, basses. Une qualité commence à interagir avec un certain nombre d'autres, parce que les qualités fonctionnent toujours ensemble. Et ici, il y a des lois d'interaction déterminées.

La qualité de la jalousie au Niveau inférieur s'accompagne nécessairement de celles de la vengeance, de l'agression, de la cruauté. Pour cette raison, aux Niveaux inférieurs, la jalousie se termine souvent dans la tragédie: l'effondrement des familles, l'abandon des enfants à la suite de ces tragédies; l'assassinat d'un conjoint.

Aux Niveaux inférieurs, il y a une distorsion des concepts Suprêmes, c'est pourquoi une mère abandonne ses enfants, les abandonne à la maternité, et si elle les reprend, alors les laisse sans attention. Ce sont des enfants abandonnés. Ces mères ont la possibilité d'élaborer de hautes qualités de maternité, de tendresse, de compassion, d'amour. Au lieu de cela, elles s'adonnent à l'ivrognerie, au style de vie déréglée et génèrent toujours du karma.

Il en est de même de la qualité de la jalousie. Elle est donnée à l'homme pour réinstaurer sa moralité. Mais lui, crée dans ce cas, le karma. C'est l'incompréhension des tâches du développement qui fait qu'une âme basse fait passer toute intention élevée de positive à négative. En effet, la liberté, qui ouvre la voie du développement accéléré, est convertie en voie de dégradation et de décodage, l'amour se transforme en débauche, l'efficacité en audace, l'audace génère des tueurs à gage sans vergogne, etc. Tout cela provient de la perversion des concepts élevés de la morale.

La jalousie commence chez les animaux, et de même, les âmes, en passant sous une forme humaine, devraient élaborer cette qualité en la payant ou en la transformant en quelque chose de nouveau.

Aux niveaux intermédiaires, la jalousie s'accompagne de d'autres qualités en réponse à l'infidélité du partenaire. Ces qualités sont acquises au cours de nombreuses années et de nombreuses réincarnations. Et, bien sûr, chaque âme dans la réserve de sa matrice a élaboré une variété de qualités, et donc la manifestation de la jalousie portera des colorations différentes.

Le Niveau moyen de l'homme a déjà construit en soi les qualités de raisonnement, de comparaison des faits, mais l'esprit de vengeance et d'agression peut être partiellement atténué. Par conséquent, la jalousie en combinaison avec d'autres qualités se manifeste en d'autres termes et conditions. Les scandales, avec cris et injures, de bagarres et maniement des couteaux, sont remplacés par des conversations calmes, exhortations et appels à la conscience, etc. La partie victime commence à lutter par des moyens pacifiques; et quand l'autre moitié quitte tout de même la famille, en lui accordant le divorce et tentant de commencer une nouvelle vie, alors la jalousie combinée avec d'autres qualités bouleverse la situation de manière tout à fait différente de celle du Niveau inférieur.

Par ailleurs, la capacité de pardonner règle les conflits et contribue à la restauration de bonnes relations dans la famille. La famille continue d'exister, et cela implique également que l'un des conjoints soit capable de régénérer la communication, l'unité, et ainsi élabore en soi la force de faire face à la destruction. D'autre part, il épargne au conjoint infidèle la tentation de commettre des erreurs à l'avenir.

Bien qu'il existe deux options dans ce cas: l'un reconnaît son erreur et la corrige (se développant positivement), le second, au contraire, se garde, devient plus vigilant et continuera à être infidèle après la réconciliation (il continuera à progresser de façon négative).

Dans de telles relations, la jalousie est au Niveau moyen, cela signifie un moyen de se battre pour la moralité humaine, la lutte contre les actions erronées. L'un des conjoints est tenté constamment de commettre des actes d'infidélité, et ainsi emprunte la voie du péché et celle du négatif, et le second, par tous les moyens il tâche de le détourner de cette voie. Ainsi, la jalousie met en garde contre les erreurs humaines, car parfois elle, faisant des scènes pour des bagatelles, empêche la réitération de plus grandes erreurs pouvant mener à des conséquences karmiques. A cet égard, la jalousie est utile et est la conséquence de possibilité d'éviter les actes erronés de l'homme.

Et si le conjoint ne le fait pas et reste indifférent aux actes du deuxième conjoint, ce dernier glissera sur une pente et finalement, il sera dans les griffes du Diable. Donc, la jalousie au Niveau moyen est un moyen de se battre pour l'âme, afin de l'orienter vers Dieu, lorsqu'elle dévie vers la voie négative. Et donc, la jalousie est alors utile à Dieu.

Au Niveau inférieur, elle permet aussi au couple de se battre pour l'éthique du partenaire, mais ce combat prend souvent un caractère violent. Cependant, le choix appartient à l'homme: quelle méthode employer pour ramener son partenaire à la constance et à la fidélité.

En ce qui concerne les Niveaux supérieurs, ils éliminent complètement sur cette qualité ou la transforment en une nouvelle qualité d'un ordre supérieur. Les âmes supérieures ont un comportement tranquille dans l'ensemble, dans toute trahison. Elles se retirent généralement du traître, si celles-ci ne veulent pas continuer à entretenir des relations avec elles et se concentrent sur des objectifs plus hauts, plutôt sur le travail, l'art. Elles concentrent leur attention sur la création d'œuvres excellentes, de nouvelles inventions, obtiennent un grand succès dans les affaires. Et leur succès au travail est une réponse à la trahison. Ainsi, la jalousie et la douleur qui l'accompagne, se transforment en nouvelles hautes qualités de développement. Plus il y a de trahisons sur le chemin d'une telle personne, plus il s'élève en hautes qualités. Autrement dit, la jalousie a complètement disparu dans une telle âme, se transformant en une nouvelle qualité pour surmonter toutes les difficultés et réussir dans n'importe quelle cause.

LES MATRICES DU TEMPS, DES LOIS, DES CONCEPTS, DE LA PAROLE

Quand l'âme s'incarne pour la première fois dans une forme sur Terre, elle renoue avec plusieurs matrices, temporaires et permanentes. Si cette forme est un minéral, alors des matrices de lois et du temps rejoignent la matrice de l'âme pour tout le temps d'existence de cette dernière sous cette forme. La matrice de l'âme pour le minéral, c'est la matrice des qualités.

Le minéral existe dans son être, dans ses processus, lesquels contribuent au progrès de son âme. L'âme se combine au programme, lequel détermine le style de sa raison d'existence et contrôle les processus sur la base desquels se déroulent des changements et, par conséquent, un développement.

Si la forme, dans laquelle s'instaure l'âme, appartient à un animal, l'y rejoignent, en plus des matrices ci-dessus mentionnées, la matrice temporaire des concepts.

L'animal commence déjà à élaborer ses propres concepts sur le monde environnant, cela lui est donc nécessaire. Mais quand l'âme achève son existence dans les formes d'animal et passe dans celles de l'homme, son ancienne matrice des concepts est supprimée, car elle est fondée sur un principe de fonctionnement différent de celui qui est nécessaire à l'existence dans une nouvelle forme. Dans le même temps, une nouvelle matrice des concepts, dans laquelle fonctionnent d'autres mécanismes différents de ceux de la forme animale, se joint à l'âme.

La matrice des concepts de l'homme se construit sur le fonctionnement d'une gamme d'énergies plus élevée, réglée sur leur potentiel élevé, c'est pourquoi l'âme est déjà capable de percevoir le monde sous un nouvel angle.

La forme humaine a besoin pour son existence, de cinq matrices principales: la matrice des qualités, la matrice des lois, du temps, des concepts et de la parole. Leur programme de la vie réunit leur fonctionnement à toutes.

La matrice de la conscience et du subconscient fait partie de la matrice des concepts, puisqu'elle forme les processus de pensée. Toutes ne sont qu'une partie de l'âme. La matrice des concepts contribue à façonner la conscience de l'homme, son appareil de la pensée. Mais lors du passage de l'âme au plan supérieur, dans la hiérarchie de Dieu, elle (la matrice de la conscience) est supprimée, en tant que structure temporaire, et reste seulement la matrice du subconscient en tant que partie de la matrice de l'âme.

La matrice des concepts fonctionne en lien étroit avec le cerveau physique. Il lui manque des concepts humains. Le style du comportement de l'homme est fourni à l'âme par le biais du programme. Et le programme d'auto-apprentissage permet à l'âme d'assimiler, sur la base d'imitation, des types élémentaires du comportement et de la parole.

L'homme prend beaucoup de temps pour apprendre à parler, parce qu'il se passe à travers la compréhension, l'élaboration des concepts de la vie humaine. Les jeunes âmes maîtrisent la langue parlée à l'âge de 2-3 ans; les âmes suffisamment matures, en raison de la présence dans leur matrice de certains des concepts qui ont été accumulés dans des vies passées, commencent à parler à l'âge de un an et demi (il s'agit non pas de mots séparés, mais de la capacité d'exprimer par des mots les pensées et les désirs).

La matrice des concepts construit les cellules de ses qualités uniquement par le travail humain, le travail acharné de ses pensées.

Sans cet effort, aucun concept n'est pas capable de former une qualité dans la cellule de la matrice. Dans ce cadre, la matrice de la conscience et du subconscient lui viennent en aide. Tout ce que l'homme ne maitrise pas par l'expérience pratique, sans lien avec la réalité, ne reste pas longtemps en mémoire. Les concepts illusoires, incorrects ne restent pas longtemps dans la matrice, car elle dispose de certains mécanismes de nettoyage qui se débarrassent de ce que l'homme ne peut pas utiliser en raison de l'image malformée, ou de manque de continuité de la pensée de ce concept.

Le cerveau physique est de grande importance dans la formation des concepts. Il est conçu pour aider la matrice à accumuler les concepts nécessaires. Quand le cerveau de l'âme disparaît avec la mort du corps matériel, l'âme jeune est peu capable de comprendre ce qui l'entoure, mais l'âme mûre commence à avoir une compréhension du monde subtil. Cela est dû au fonctionnement de la matrice des concepts, dans laquelle l'âme a accumulé au cours des vies passées des mécanismes nécessaires de la pensée et de l'érudition. Et quand elle sera proprement remplie, l'homme n'a plus besoin de cerveau physique, il peut penser par le biais de la matrice. Mais à ce processus, prendront part la matrice du subconscient et la matrice des qualités. L'ensemble de leurs interactions assure le jugement et la capacité de gérer toute matière par le travail de la pensée.

Les matrices fonctionnent toutes ensemble, et le fonctionnement de l'une d'entre elles est toujours étroitement lié à celui du fonctionnement des autres.

Ainsi, la matrice de la parole est basée sur le fonctionnement de la matrice des concepts. Mais pas un seul mot ne pourra y avoir accès, s'il n'est pas compris par l'homme. Si une personne utilise temporairement certains mots, sans vraiment comprendre le sens, cela est dû au fait que le programme d'auto-apprentissage enregistre pour un usage temporaire ce que la personne entend et fixe temporairement son attention sur ces mots. Dans la matrice, les mots sont enregistrés dans toutes les langues, que l'homme apprend pour la première fois dans cette vie, ou qu'il a dû retenir en cas d'incarnation dans d'autres pays. Dans ce cas, les cellules sont construites des cellules de langues différentes, que l'homme peut librement utiliser lors du déblocage. Mais elles sont généralement toutes verrouillées, afin de ne pas gêner la personne dans l'apprentissage de la langue du milieu, dans lequel il est incarné au moment présent.

La matrice des qualités, des lois, des concepts, du temps et de la parole est fournie à l'âme pour une utilisation permanente, pour la durée des réincarnations de l'âme sur Terre.

Mais la matrice du temps de la parole sont temporaires. Dans le processus de développement en premier lieu, la personne se débarrasse de la matrice de la parole. Déjà dans la septième race, quand l'homme a complètement maîtrisé la pensée télépathique, cette matrice ne sera plus utile. Les individus communiqueront en recours à la matrice de concepts, sans utiliser la parole. Cela permettra d'accélérer le processus de réception des informations.

La maitrise de la télépathie commencera à la sixième race et à la fin de celle-ci elle atteindra un niveau de développement qui permettra d'échanger des informations sans l'aide de mots, et donc la matrice de la parole deviendra inutile. Donc, à ce stade de son évolution, elle sera séparée de la structure de l'âme.

Quand l'homme atteindra les mondes Supérieurs dans la hiérarchie de Dieu, il n'aura plus besoin de matrices telles que celle de la parole, ou du temps. Les Êtres Suprêmes communiquent entre eux non pas par des mots, mais par impulsions directement au moyen de la matrice des concepts, et ainsi la nécessité d'une matrice de la parole dans les mondes Supérieurs n'existent pas non plus.

Quant au temps, il s'écoule dans les Mondes Suprêmes différemment, passant dans la catégorie éternelle, plus précisément, les Êtres Suprêmes suggèrent que le temps n'existe pas sous la forme dans laquelle il existe sur Terre. Le temps est conçu spécifiquement pour la matière physique, pour sa gestion et son contrôle. Pour cette raison, le temps ne va pas au-delà de cette matière physique. Ainsi, la matrice du temps lors du passage de l'âme dans l'existence éternelle, devient inutile. Cette matrice du temps se détache également de la matrice de l'âme et commence à se développer en d'autres qualités, aussi bien que l'homme lui-même, à part.

Ici, nous donnons les précisions suivantes. Le temps des personnes différentes s'écoule avec des vitesses différentes. Chaque être humain a son propre temps, un temps individuel, sa propre vitesse d'écoulement des chronons.

Le même temps que nous mesurons sur les horloges constitue le temps de la terre et il s'écoule à une vitesse constante, par conséquent, constante pour l'humanité.

Nous vivons conformèrent au temps de la planète. Et souvent, nous nous l'approprions pour nous-mêmes. Il est associé à notre temps personnel. Mais tout le monde a son propre temps: l'arbre, le sien, l'animal a le sien, l'insecte, le sien.

La matrice du temps spécifie la vitesse d'écoulement des processus individuels dans l'organisme humain et gère le programme de sa vie. La matrice du temps contrôle le temps de déclenchement de situations dans le programme et combien de temps elles vont se dérouler, et les situations qu'il faudrait interrompre.

À chaque individu correspond son propre rythme de mouvement, de développement. Le rythme définit le temps humain, la vitesse d'écoulement pour un individu particulier. Chaque organe dispose également de son rythme de fonctionnement. Tous ces rythmes sont liés au rythme unique du corps de la matrice du temps.

* * *

La matrice des lois dicte la façon dont doit se dérouler la construction dans tous les types de matrices, en elle se trouve aussi l'étalon de ces indicateurs de Niveaux, par lesquels se passe le développement de la matrice de l'âme dans son ensemble. Elle dicte de même les caractéristiques de l'énergie passant dans ses cellules, et quelles énergies doivent être rejetées, en raison de leur mauvaise qualité ou de non-conformité au Niveau structural. Par exemple, dans une cellule est déjà construite un troisième Niveau, pour les constructions suivantes il faudra de l'énergie du quatrième Niveau, et donc toute l'énergie du troisième Niveau sera rejetée et ne sera pas acceptée dans la matrice des qualités. Et quand les processus auront fourni de l'énergie de quatrième Niveau, correspondant aux paramètres de règles de construction, cette énergie est acceptée dans la cellule.

Dans chaque structure de la hiérarchie, les qualités se produisent également sur une base logique, mais cette base logique est déjà prévue dans chaque cellule, et sur la base des lois en qui agissent en elles, seront exécutées toutes les constructions au sein de cette matrice. L'énergie entrante ne se déposera pas seulement à son fond, remplissant progressivement le volume de la cellule jusqu'à la taille désirée, elle sera construite de manière strictement spécifique.

La matrice des qualités génère une variété de propriétés de l'homme: on y trouve les qualités de son caractère, et ses capacités. Tout ce qu'il a appris d'utile, forme ses propriétés et son potentiel d'énergie. Et également, on y trouve les capacités surnaturelles cachées de l'homme. Mais elles peuvent se manifester à plein seulement en cas de passage de l'âme à un certain Niveau du développement.

Beaucoup de qualités sont particulièrement dissimulées pour ne pas gêner l'homme dans la concentration de son attention sur le développement des qualités suivantes du Niveau, mais pas pour développer son orgueil. L'arrogance est inhérente à l'homme, de même que l'usage abusif des capacités personnelles. S'il lui est ouvert une sorte de qualité superpuissance, il tentera de parasiter sur cette capacité, c'est-à-dire qu'il commencera constamment à ne l'utiliser que pour étonner l'imagination des autres, pour attirer l'attention sur lui-même.

Cela ne développe pas des qualités positives, mais plutôt de l'orgueil, de la présomption, et parfois de l'arrogance, de la vanité. Et c'est au lieu de développer en soi d'autres qualités utiles et nobles grâce à un travail acharné. Ainsi, tant que la morale humaine ne parvient pas au niveau de développement souhaité, ces qualités supérieures sont inhibées. Elles se réactivent dans la race des représentants développés et seront utilisées avec succès non pas pour se concevoir des qualités négatives, mais des qualités du Niveau suivant. Dans ce cas, les qualités surnaturelles accéléreront la poursuite de la progression de l'âme humaine.

A PROPOS DU PLAGIAT

Quelques mots sont à dire au sujet du plagiat. À la lumière de nos nouvelles connaissances, des personnes qui en ont pris connaissance, se mettent à réfléchir à leur vision antérieure de la réalité environnante. Et en même temps, ils commencent activement à faire des découvertes dans leur vie. Ils pensent qu'ils sont transformés en une source de nouvelles informations, en gourou.

Après avoir bien lu nos enseignements, dans leur esprit se forme un conglomérat de concepts personnels. Les lecteurs joignent notre nouvelle information à leurs concepts, et un fort potentiel de nouvelles connaissances éclaire leur esprit, ce qui leur permet de voir le monde non pas sous l'angle de leurs anciennes visions, mais du point de vue des concepts nouvellement acquis. Ce qui leur paraissait avant invisible, est dès lors remarquable, et ils commencent à voir du nouveau dans l'ancien. Il leur semble qu'ils commencent à faire des découvertes, l'une après l'autre. Ce fait est inhérent à la moitié de nos lecteurs.

Sur la base de la lecture de nos livres, certains de nos lecteurs ont découvert un canal de communication avec leur Déterminants et Lui, d'une certaine manière, commence à leur fournir de nouvelles informations. Mais quand une de ces informations nous parvient par la suite, nous reconnaissons en elle notre propre information glanée de notre série «Au-delà de l'inconnu». Là, commence un pillage prédateur de nos informations.

Oui, cette information confère aux gens des capacités de clairvoyance et de clairaudience, révèle les talents et la capacité de ressentir une énergie différente, de découvrir des canaux de communication avec les Maîtres célestes, mais nous ne devons pas oublier, à quelle fin se manifestent de tels miracles, alors il ne faut pas oublier la principale source. Un tel individu ne pourra rien dire de nouveau au monde. Il ne dira que ce qui est écrit dans nos livres. Et nos revendications consistent dans le fait que cette personne ne puisse pas s'approprier de ce qui a été conçu par d'autres, après être passé par des épreuves et des difficultés rudes. Cela ressemble à quelqu'un qui voudrait «entrer au paradis perché sur le dos d'un autre», et dans ce cas, tenter d'être le point de mire du public. Il devrait se rendre compte qu'il ne fait que répéter les textes des autres, et que les nouvelles capacités lui soient temporaires, et seulement dans le but de croire en l'existence d'Êtres Suprêmes. Si une personne se met à s'attribuer tout uniquement à lui-même, alors bientôt tout lui deviendra inaccessible.

Nul n'est besoin de parasiter sur la connaissance des autres. Mais beaucoup de lecteurs, devenus des «Enseignants», oublient la principale source d'informations, et ne font que s'attribuer tout cela, vantant leur exclusivisme. Sans passage d'épreuves, pas de messagers, sans un soi travail acharné, il n'y a pas de découvertes, mais rien qu'une interprétation de la vérité déformée ou erronée.

Mais qu'est-ce qui se passe avec l'information dans notre série «Au-delà de l'inconnu» au moment actuel (2003-2008)?

L'information d'autrui est transformée par certains lecteurs en leurs propres concepts qu'ils prennent pour une découverte personnelle. Après avoir lu nos livres, beaucoup se mettent à diffuser cette même connaissance qui nous appartient.

Cela rappelle ce que font les élèves en classe de littérature. Ils lisent un chapitre de livre, puis rédige un résumé sur le thème de cette lecture. Ils apprennent à exprimer leurs pensées à travers les œuvres d'autres personnes (textes).

Tout comme nos lecteurs apprennent à penser dans de nouvelles catégories d'idées sur la base de la lecture de cette nouvelle information dans la série de livres «Au-delà de l'inconnu». Ils redisent dans leurs propres mots de quoi ils se souviennent, ce qu'ils ont appris de la série. De cette façon, ils sont sur la voie de l'appropriation de nouvelles connaissances. Mais ils sont en même temps si stupides qu'ils ne peuvent pas distinguer ce qui est sien de la propriété d'autrui et commencent à les faire passer pour des fruits de leurs propres contacts et découvertes.

Mais dès lors qu'une personne utilise une découverte ou idée de l'œuvre d'une autre personne, en faisant les siennes, cela se dit plagiat. Pour qu'on ne lui accuse de rien, il est nécessaire de souligner que ces idées ou tout autres sujets lui sont venus d'œuvres de quelques auteurs. Lorsque le nom de l'œuvre et les noms de famille de ses auteurs sont indiqués, puis que leurs propres considérations personnelles à ce sujet sont écrites, il ne s'agit plus de plagiat, mais d'une continuation de la compréhension du sujet à l'étude dans sa propre présentation ou interprétation. Ceci est enseigné par les éducateurs à l'école. Mais beaucoup de gens oublient en quelque sorte ces simples leçons de littérature.

Aussi, le lecteur devrait apprendre à donner un sens au moins au fait que lui parviennent de nouvelles informations sur la base de la lecture de l'information de quelqu'un d'autre. C'est ce de quoi traite la reformulation de son esprit à partir des textes des autres, du récit d'autrui par la conception de ses propres mots, c'est le thème étalé dans la série «Au-delà de l'inconnu».

Pour que personne ne soit accusé de plagiat, je rappelle encore une fois, **l'homme civilisé indiquera nécessairement le titre de l'œuvre, d'où lui est venue les idées données, et leurs auteurs.**

QUESTIONS ET RÉPONSES

Dans ce livre, nous tâcherons de répondre à une série de questions de nos lecteurs. Ces questions permettent d'étendre et d'approfondir nos anciens thèmes. Cependant, dans ce cas, il y a une certaine dispersion d'un thème dans différents livres. Mais ce n'est là qu'une mesure nécessaire, étant donné que les connaissances nous sont acquises au fur et à mesure, progressivement, par étapes. Pour cette raison, nous espérons que pour le lecteur, ce ne sera pas du tout un obstacle particulier à l'érudition, et il sera en mesure de relier le sujet

174

de ce livre au même thème à partir d'un certain nombre de nos autres livres de la série «Au-delà de l'inconnu». Les réponses ci-dessous citées servent de complément au livre «Le nouveau modèle de la Création», «Terrestre et éternel» (articles «La nature et le progrès», «Système solaire»), «Le Doigt du Destin» (Les réponses aux questions: articles «Le haut et le bas dans le Cosmos», «Le chaos et l'harmonie»), «La formation de l'âme ou la philosophie paradoxale» et d'autres livres.

La voie de la connaissance nécessite une suite logique d'apprentissage de nouvelles informations, de ce qui se reflète dans son étude par niveaux. Il est impossible de s'atteler aux faits difficiles à comprendre, sans avoir jeté les bases de connaissances préliminaires dans leurs termes les plus simples. Sinon, tout peut sembler être des divagations d'un fou, ou tout simplement repoussera par la complexité insondable. Par conséquent, nous proposons la séquence suivante dans l'apprentissage de nouvelles vérités dans la série suivante: «Au-delà de l'inconnu».

Le premier livre, pour une connaissance de premier Niveau: «L'Esprit Supérieur révèle des secrets », « Révélations du Cosmos », « Rencontres avec les Invisibles».

Le deuxième Niveau: «Les Mystères des Mondes Supérieurs », « L'Âme et les secrets de sa structure », « La Vie secrète des Maîtres célestes », « La structure de l'énergie de l'homme et de la matière », « La création des formes ou les expérimentes de l'esprit supérieur», « Les conversations sur l'inconnu », « Les perles de vérité supérieures », « Le terrestre et l'éternel », « Le feu de Prométhée ou le mystique dans notre vie».

Le troisième Niveau: «Dictionnaire de la philosophie cosmique », « L'homme de l'ère du Verseau », « La Matrice - base de l'âme », « Le doigt du destin », « La vie dans le corps d'un autrui », « La personnalité et l'éternité », « La formation de l'âme ou une philosophie paradoxale », « La philosophie de l'absolu », « La philosophie de l'éternité », « Le nouveau modèle de l'Univers et ses mondes », « Les lois de l'Univers ou les bases de la Hiérarchie divine». Et après vient une série de synthèse «La magie de la perfection» par séquence de: «La liberté et l'inévitable », « Leçons karmiques du Destin », « Phénomène de l'âme».

Il est nécessaire de lire ces livres seulement selon la séquence indiquée, car c'est cette séquence qui forme une élaboration naturelle de l'énergie dans la matrice humaine, en créant une base solide pour l'avenir de la race d'or de l'humanité.

Et maintenant, passons directement aux questions des lecteurs. (Rappelez-vous que déjà ces questions sont répondues par les auteurs eux-mêmes).

DIEU POSSÈDE-T-IL UNE STRUCTURE

Ces questions sont posées selon le contenu du livre de Tikhoplav V. Y et T. S «Une rotation cardinale».

Question: Dans le livre de Tikhoplav V. Y et T. S «Une rotation cardinale» on trouve une citation d'un savant, lequel écrit:

«Il n'y a Rien Absolu... qui soit la source de tout, Rien Absolu... - Je voudrais le souligner – justement, prétendrait d'être l'image de Dieu. Nous pouvons dire à propos de cette essence seulement qu'elle a des capacités de créativité absolue. Il est le Rien Absolu, sur lequel rien de concret ne pourrait être dit, et le décrire par des formules serait impossible, mais, néanmoins, il est au-dessus de tout et de tous et crée tout».

Que pouvez-vous dire à ce sujet?

Réponse: Beaucoup de scientifiques tentent de nos jours de repenser les vieux concepts, mais la base de la nouvelle pensée est tout de même dans les connaissances anciennes. Par conséquent, peu importe de quelle manière ils expliqueraient une chose, en y mettant leur grande intelligence, toutes ces explications sont, soit obsolètes, soit incorrectes.

Même maintenant, nous nous confrontons à un phénomène similaire, l'obsolescence instantanée de nouvelles informations. Parfois, vous pouvez écrire quelque chose et mettre de côté cette information pour un certain temps, et un an plus tard, vous la lisez, et vous trouvez qu'elle est dépassée et ou ne cadre plus au moment présent, ou en raison de nouvelles connaissances plus élevées, elle devient incorrecte.

Nous avons découvert que la raison de ce phénomène se trouve dans l'utilisation lors des explications des connaissances de Niveau inférieur. Seulement en cas d'interprétation du phénomène du point de vue de Niveaux Supérieurs, ils ne perdent pas de leur sens avec le temps. Seuls des notions plus élevées sont en mesure de donner l'explication correcte et de rapprocher plus les gens de la vérité. C'est pourquoi, nous essayons de donner un Niveau de réponse qui est susceptible de pouvoir, à partir de vieux concepts obsolètes, conduire à une nouvelle compréhension.

Donc, à ce niveau de notre nouvelle connaissance de Dieu, on ne peut plus parler de «Rien Absolu», parce que nous savons déjà qu'il constitue un volume, et surtout pas infini, mais de taille strictement définie. Les dimensions de ce volume correspondent au Niveau de développement de la Personnalité. Le Niveau définit les paramètres maximaux et minimaux de la Personnalité.

De l'intérieur, Dieu a une structure de niveaux, ou une structure hiérarchique, et chacun de Ses Niveaux correspond également à un certain volume avec une architecture interne, et qui correspond encore une fois, à ce Niveau. Dieu est une Personnalité en développement, en progression, pour cette raison, Sa structure est en constante évolution dans le sens du prolongement et des structures de construction, des conditions qualitatives.

À l'intérieur de Dieu, les mêmes lois de l'Univers sont en cours, et fonctionnent dans le monde dans lequel Il existe.

Dieu a une structure matricielle. Le «Rien Absolu», est pourvu de «capacités créatives absolues», simplement parce qu'Il a une matrice des qualités, laquelle a élaboré dans le passé d'existence très longue, bon nombre de capacités, menées à la perfection par un travail acharné sur soi.

Son âme est pourvue de trinité composée de parties positive, négative et celle de contrôle. Nous savons même comment ces parties sont reliées les unes aux autres, leur façon d'interagir entre elles, et comment se fait la redistribution de l'énergie entre les parties de contrôle et celle d'exécution. On sait que dans les parties de contrôle et celle d'exécution se trouve également deux contrôles hiérarchiques. (Voir la série «Au-delà de l'inconnu»).

En Lui fonctionnent bon nombre de processus que nous avons décrit dans les livres: «Les mystères des mondes supérieurs», «Les lois de l'Univers», «Le nouveau modèle de l'Univers», «La Philosophie de l'Absolu», «La Philosophie de l'Éternité», «La Formation de l'âme, ou une philosophie paradoxale». Ces processus sont une manifestation de Ses fonctions vitales. Ainsi, on ne peut plus dire que Dieu n'est «Rien», du vide, et ainsi de suite, ou quelque chose d'indéfini.

Dieu est une architecture concrète absolue, et Il n'est pas le seul, même dans notre Création (Univers), et de telles Personnalités dans ce dernier sont en tel nombre correspondant à la puissance et au potentiel d'énergie que pourrait supporter le volume du monde extérieur dans lequel ils existent.

Dans le cas d'autres Univers, alors beaucoup de choses y sont répétées. Mais fondamentalement tous les autres Univers sont différents du notre par la composition de leur qualité et un certain nombre de constructions internes.

RÉPONSE À PYTHAGORE

Question: Dans le livre de Tikhoplav V. Y et T. S «Une rotation cardinale» on parle de l'école pythagoricienne. Pythagore était un partisan des nombres et de la géométrie. Il croyait que le monde entier est construit sur une base de chiffres. Est-ce une déclaration juste que les chiffres contrôlent le monde?

Note du livre «Une rotation cardinale»: «Pythagore de Samos (né vers 560 avant JC - philosophe grec, ... homme politique. Fondateur du pythagorisme, mathématicien ....»

Réponse: Il est impossible d'expliquer ce qui est complexe en un mot. Pour que dans l'esprit du lecteur il n'y ait pas de confusion, il faudrait donner quelques notions de base sur le sujet. Par conséquent, on doit commencer par l'explication suivante.

En ce qui concerne les chiffres qui gouvernent le monde, cela est vrai en particulier pour le monde matériel, pour toute la hiérarchie des plans physiques et de certaines parties des mondes subtils jusqu'à un certain Niveau de leur développement. Et plus haut, **a lieu un passage déjà à d'autres processus qui régissent la matière, plus précisément, il n'y a que l'énergie** que nous pouvons appeler matière subtile. Pour cette raison, les processus régissent la formation et les fonctions de l'énergie selon un principe différent, sans **chiffres** et géométrie.

Mais nous parlons d'une matière spécifique de notre univers, de notre plan terrestre, et donc ces explications ne concernent qu'eux,, mais dans d'autres mondes tout peut apparaître différemment.

Notre monde terrestre a été initialement conçu à des fins très particulières, et le but dicte toujours l'obtention de résultats concrets. Par ailleurs, le monde correspond à un certain Niveau de développement et, par conséquent, à une gamme spécifique d'énergies. De ce fait, cet objectif devrait nécessairement être mené à bien, en se basant uniquement sur l'énergie de cette gamme, à savoir, l'objectif devrait être «atteint» par le biais de ces énergies.

Ceci équivaut au cas où, un individu recevrait du sable, de l'eau, du ciment, de la pierre, et qu'on lui disait que le but final était de construire une bonne maison. Dans un premier temps, tout l'ensemble des matériaux semble être quelque chose d'incompréhensible et de fragile, et créer un édifice uni et solide, semble impossible. Mais avec une connaissance des lois de construction des bâtiments, chacun de ces matériaux peut servir dans la construction du résultat souhaité, qui est le bâtiment.

Tout cela est dit afin de préciser que, également sur la base de la connaissance des Lois d'interaction des énergies, on peut construire quoi que ce soit, mais dans les limites d'un même Niveau (d'un monde), si ce monde appartient à la même gamme d'énergies.

A partir de l'énergie de notre Niveau, se construit le monde terrestre. Cela représente un énorme projet qui forme l'idée prédéterminée en but, et le but mène à travers une variété de processus au résultat souhaité. Et entre le but et le résultat il y a tout un ensemble de constructions possibles.

Autrement dit, l'idée du Créateur de ce monde fonctionne. Ils conçoivent le projet du monde. Tout se passe d'abord dans une expression numérique, où il y a des formules continues, des nombres, les indicateurs de puissance du monde sont déterminés à certains stades de développement (et ils doivent être différents à tous les stades, allant dans l'ordre croissant). Puis, à ces indicateurs numériques et caractéristiques de l'énergie, on choisit les formes, les structures, qui permettront non seulement de mettre en place la carcasse de quoi que ce soit, mais aussi d'exécuter des fonctions spécifiques.

L'aspect et la forme ne doivent pas servir seulement de carcasse, de squelette de quelque chose, mais doivent nécessairement accomplir certaines fonctions et sur la base de ces fonctions est calculée leur configuration. Cela signifie que la configuration est toujours associée aux fonctions qu'elle doit accomplir selon l'idée des Créateurs des formes. Par conséquent, **les figures et les formes se trouvant à la base de la construction de notre monde** (triangles, carrés, cubes, parallélogrammes, sphères, icosaèdre, et autres) **ne sont pas seulement la carcasse des objets et du monde, mais surtout, fonctionnent avec les énergies du plan terrestre.**

Chaque paramètre est lié à la fonction chargée de la tâche d'une figure donnée. Ainsi, la forme et l'aspect de sa figure, sont

prédéterminés par les fonctions qu'elle doit assurer. **Les régularités inhérentes à la figure sont dictées par les fonctions qu'elle (la figure) doit assurer. Et ces fonctions sont liées à la conversion de l'énergie.**

Chacune d'elles fonctionne avec un certain type d'énergies, et fonctionnera de manière bien calculée, ce qui aboutit au résultat souhaité. Par conséquent, les théorèmes, les axiomes, les formules et d'autres règles, inventés par nos mathématiciens, expriment les régularités de ces formes, qui ont été incluses en elles par les Créateurs de notre monde. D'où, par exemple, l'hypoténuse est égale à la somme des carrés des côtés, et la circonférence est égale à $L = 2 \pi r$.

Tout cela est inclus dans leur forme sur la base du calcul des Mathématiciens Suprêmes.

Notre monde dans son ensemble, tout ce que l'homme voit autour de lui, est conçu et créé par les Créateurs Suprêmes, et non pas par la nature. En conclusion, **aucun homme ne fait vraiment des découvertes. Il dévoile seulement ce qui a été créé par d'autres. Il suit le chemin parcouru par nos Frères aînés en Intelligence.**

En faisant des découvertes, l'homme se les approprie, et s'en vante par sa propre étroitesse d'esprit. Mais les Suprêmes s'en moquent, comme d'un petit enfant, en voyant comment il se fait siennes leurs créations, sachant que tant qu'il n'a pas encore grandi au point de distinguer où se trouve ce qui lui appartient, et ce qui ne lui appartient pas.

En d'autres termes, toute la matière est composée de nombres et de formules, car elle a été conçue et créée dès le début par des Calculateurs dans sa version de projet, et ensuite construite par les exécutants.

Tout processus physique chimique, ou biologique et toute réaction expriment aussi un certain objectif de calcul, une chaîne de calcul numérique, menant à un résultat donné, nécessaire aux Personnalités Suprêmes.

La feuille sur l'arbre dans le processus de son développement, du bouton au grand arbre, dans le changement de couleur, du vert clair au vert foncé, puis au jaune avec des nuances roses, tout cela n'est qu'une chaîne de calculs numériques des Êtres Suprêmes, et ces calculs donnent le résultat souhaité: la forme et la couleur. Le poisson, comme forme de vie, est aussi le fruit des calculs numériques qui forment ses fonctions vitales, la forme, la couleur, le bruit et ainsi de suite. Le son, la couleur, la lumière à nos yeux sont aussi le fruit de l'activité de l'esprit des Concepteurs Suprêmes. (Et dans notre livre «Les Lois de l'Univers...» ce fait est noté).

Mais la forme vivante, il est nécessaire de le préciser, se joint nécessairement au programme de leur vie, du type de comportement, des dépenses d'énergie dans un monde particulier. Et là encore, tout est sur la base de chiffres, de formules, inclus d'abord dans le projet, puis après, déclenché sous forme de vie autonome.

Premièrement Il y a les chiffres qui portent certaines lois d'interaction et de construction, ils s'ajoutent des nombres et tout le reste est déjà dérivé: la géométrie et la trigonométrie, la physique et la chimie, et ainsi de suite, y compris nous-mêmes.

Les chiffres ont également été créés par les Créateurs de la matière physique pour notre monde physique à partir d'énergie. Pourquoi ont-ils été créés? Qui les a créés précisément?

Un chiffre englobe en soi le pouvoir sur certains types d'énergies, certaines de leurs gammes, car il contient un système multiple d'interactions codées.

Quand un nombre s'ajoute à un autre par addition (2 + 3 = 5), il intervient une certaine interaction, donnant une certaine force (égale à 5); lorsque les nombres s'interfèrent par le biais d'autres opérations: soustraction (3-2 = 1), la puissance (2^3 = 8), interviennent d'autres opérations, d'autres interactions d'énergies (des nombres inclus dans les chiffres) et on obtient donc un résultat différent (5; 1; 8).

Chaque nombre comporte en soi un certain potentiel, une certaine puissance et leur combinaison permet de libérer une telle force qu'elle pourrait détruire l'humanité tout entière. Pourquoi la bombe nucléaire est-elle si puissante? Parce que grâce à une série de calculs numériques sur la base de diverses combinaisons, strictement selon certaines lois, les scientifiques ont obtenu en résultat un certain dégagement de puissance d'énergie, incluse dans la matière physique par les Suprêmes.

Dans toute forme de matière sont inclus ses types d'énergie avec sa valeur de puissance. Et afin de libérer cette puissance, il faut un certain calcul suivi du résultat désiré, déterminé à travers des figures géométriques et des formes dans les dispositifs qui contribuent à la libération de cette énergie. Par exemple, une bombe nucléaire libère de l'énergie de l'uranium. Le calcul numérique des interactions, des structures et des réactions chimiques au bout du compte aboutit à une énorme explosion. Et cela n'est juste qu'une libération d'énergie intégrée dans une substance concrète par les Créateurs Suprêmes.

La Terre en tant que structure sphérique a été tout d'abord conçue et construite comme un modèle, puis reproduite par moyen d'une variété de réactions physiques et chimiques selon le programme. Par ailleurs, tous les processus biologiques, chimiques et physiques sont également conçus et construits dans certaines interactions pour produire un résultat strictement spécifique, qui, après calcul, est lié aussi précisément à un moment précis dans le temps. Seul le calcul numérique peut donner un rattachement précis à tout objet au temps et à l'espace, permettant de ne pas se perdre dans la masse de la matière.

En outre, la vie de tout homme et toutes ses situations d'existence sont soumises à un calcul exact, et chaque personne est liée par un certain système de coordonnées strictement à ses situations de vie. Et ses situations de vie, à l'aide de calculs sont reliées à des situations spécifiques de la société, c'est pourquoi l'individu est sujet à des événements qui sont décrits par les Suprêmes, et ne concerne nul autre. Pour ce faire, tous les événements doivent être liés entre eux par des actions qui sont mises en œuvre par des âmes ou des mécanismes spécifiques. Toutes ces chaînes d'interactions sont également calculées par les Suprêmes.

La parole est également basée sur des valeurs d'additions et porte en elle une charge d'énergie différente. Les mots bas comportent un faible spectre d'énergie brute, les mots obscènes portent en soi une charge négative et nourrissent les entités négatives des mondes inférieurs.

Les mots de bonté, d'amour et de miséricorde constituent un potentiel d'énergie moyen dans la hiérarchie des mots, et la parole sur Dieu, des Mondes supérieurs et de l'amour universel pour tous les êtres, portent en soi le plus haut potentiel. Plus bas, se situent les mots sur le Cosmos, sur toutes sortes de ses processus et technologies, parce qu'ils sont construits sur une gamme de hautes énergies à l'aide d'un calcul numérique.

Il faut souligner que tous les mots d'amour portent un potentiel d'énergie élevé. Parlant de mots d'amour envers son partenaire, ils sont d'ordre plus élevé que beaucoup d'autres mots, mais de potentiel moins élevé que celui de l'amour pour l'humanité, les Mondes suprêmes, l'univers. L'amour pour Dieu et pour ses Maitres célestes, à tout ce qui existe, porte le potentiel énergétique le plus élevé.

Ainsi, peu importe ce que nous considérons en ce monde, tout est lié aux nombres, au calcul et à la construction. Cette découverte a poussé les pythagoriciens au culte des nombres, et à leur attribuer des propriétés magiques et mystiques spéciales. Et il est tout à fait possible, si quelqu'un trouvait spécifiquement ces propriétés dans un certain système de nombres. Mais les chiffres eux-mêmes sans avoir pour but d'y mettre du mysticisme et de la magie, ne possèdent rien de tel. Par conséquent, on ne devrait pas attribuer aux mathématiques et aux chiffres des propriétés d'une certaine magie surnaturelle ou mystique. Il ne faut pas oublier qu'ils sont tous créés et élaborés par l'intelligence d'Intellectuels Suprêmes. Et ces Personnalités intellectuelles y ont placé toute la magie et d'autres propriétés.

Autrement dit, nous ne devrions pas nous étonner des nombres, mais des Personnalités, de la grandeur et de la puissance de leur Esprit, de la capacité de faire un tel travail grandiose et unique.

Parlant de tout cela, nous voulons enseigner aux hommes le droit de comprendre le monde qui nous entoure, et de ne pas attribuer à un lien intermédiaire de création (nombres) ce qui, en fait par droit appartient au Créateur de ce lien. Cela serait similaire au fait qu'un sauvage soit entré dans un appartement moderne, et y trouve un téléviseur, et ait fait des éloges de l'ensemble des capacités de cet appareil à afficher des choses étonnantes, et même des voix. En cela, il y a de la magie, et du mysticisme. Et cet homme sauvage se serait prosterné devant les images qui apparaissent, et la télévision serait traitée d'objet de culte. Mais le fait que le téléviseur ait été créé par un esprit humain raisonnable, et que des dizaines d'autres travailleurs intelligents l'ont aidé à réaliser cette idée dans la réalité, serait inadmissible pour lui.

L'homme a tendance à s'arrêter au maillon intermédiaire, le considérant comme source de tout, et est incapable de voir plus loin. Cependant, tout miracle, mot et nombre n'exprime qu'une manifestation particulière de l'idée d'êtres d'intelligence supérieure, de Personnalité intelligente.

Tout se génère par la pensée, par un Esprit Suprême. De même, une haute pensée crée une pensée d'un ordre inférieur. Tout se crée par la Pensée et tout le met en mouvement et en développement. Donc, toutes les choses, les nombres, les mots, c'est juste une pensée dérivée des Personnalités Suprêmes. Par conséquent, on ne peut pas dire que **les nombres expriment l'essence des choses. Les nombres expriment**

l'objectif que la pensée des Personnalités Suprêmes met dans une chose, dans un objet.

La pensée crée un but, puis le planifie et le réalise à l'aide de calculs dans cet objet. Étant donné que les nombres ne reflètent pas l'essence des objets, ils ne font que former la pensée à travers par eux (les choses et les objets).

Tous les calculs sont effectués sur les instructions de Dieu, des Systèmes spécifiques de calcul du Cosmos, composés de Personnalités hautement développées, spécialisées dans les opérations numériques. Autrement dit, nous n'attribuons pas tous les processus de création à une seule Personnalité, mais nous parlons de nombreux participants. Toutefois, le principal initiateur de tout cela est Dieu. Il détermine les objectifs et les plans de développement.

Tout ce qui a été dit précédemment montre à quel degré les nombres sont importants et toutes les sciences mathématiques dans notre monde. Mais les chiffres ne sont pas tout de même le plus important, car ils sont subordonnés par le principe créateur, en d'autres termes, la pensée créative, générant des formes, des idées, créant des projets gigantesques et grandioses.

Lorsque l'idée du Créateur créera le but et sa forme ultime d'expression, alors que ce projet est transféré au système de calcul du Système du monde Suprême, et il élabore le projet tout d'abord en nombres, puis en formes géométriques, ensuite il leur confère des processus et de la matière. L'énergie devient matière.

Le nombre $\pi = 3,14$ (nombre d'Archimède) est une constante uniquement de notre univers, tout comme le nombre d'or, et bien d'autres valeurs. Dans d'autres univers, et mêmes systèmes stellaires de notre univers, tous est différent. Cela est lié au développement du cosmos lui-même.

Ici, nous apporterons une autre précision.

Le pythagorisme était une doctrine basée avant tout sur les nombres. Le livre de Tikhoplav V. Y et T. S «Une rotation cardinale», il est dit que «le pythagoricien est un enseignement basé sur la représentation du nombre comme base de tout ce qui existe». En cela, ils ont tout à fait raison lorsqu'il s'agit du monde matériel. Mais nous pouvons voir plus loin.

La matière physique constitue seulement 3 pour cent de la matière énergétique de la Création. Et le nombre est le fondement de ces trois pour cent de la matière physique et des mondes subtils, des éléments qui sont proches et forcés d'accomplir un certain nombre de processus connexes avec la matière brute. Le calcul dans la matière subtile s'élève aussi à une autre valeur de trois pour cent. Autrement dit, une technique similaire au calcul de la matière subtile, physique et connexe, et plus au-dessus, les méthodes de calcul varient, mais les chiffres continuent d'exister jusqu'à l'absolu. Lors de la transition, tout change absolument.

Puisque la matière a été inventée pour la création des mondes et des processus physiques, comme moyen d'organisation précise de la matière brute de l'organisation et de l'amener à l'état fonctionnel souhaité. Cela était nécessaire également dans les mondes énergétiques connexes, puisque se passait le rattachement de matières de différents mondes: le physique et l'énergétique, ce qui signifie que le processus devrait se poursuivre d'une certaine manière pour passer de l'état brut à l'énergie subtile par la transformation. Et cela aurait dû être fait aussi par les mêmes chiffres, mais dans le monde subtil, c'est certes non pas un système décimal ou sextuple, mais un système complètement différent.

Au-delà du monde physique, il y a d'autres mathématiques, d'autant plus que la matière à plusieurs niveaux comporte des potentiels d'énergie, de force, de puissances différentes. Mais les chiffres et les mathématiques doivent satisfaire le potentiel d'énergie de la matière, qui est exprimée et organisée dans le système. Par conséquent, si nous prenons le cas du Niveau supérieur extraterrestre, les mathématiques dans ce cas seront complètement différentes que celles qui existent sur Terre, et ces extraterrestres maitrisent déjà le contrôle à l'aide des nombres, les interactions des matières subtiles et leur transformation.

Mais au-delà de ces mondes adjacents, se passent d'autres changements ultérieurs dans la construction numérique des mondes. Comme nous l'avons dit ci-dessus, à partir d'un certain Niveau de développement, à savoir, au-delà de l'absolu, les chiffres cessent de gérer la structure de la matière. La pensée passe dans une forme complètement différente d'existence et de fonctionnement.

- - -

Et lorsque nous disons que le Hiérarque négatif pense au moyen de chiffres, cela concerne les processus de la pensée négative associée à la forme de l'évolution de la matière de l'univers. Dans les mondes Suprêmes, cet Hiérarque pense selon son Niveau, et la pensée d'énergie négative au moyen des chiffres lui est inhérente.

Dieu, à l'approche de la Terre, et communiquant avec l'homme, utilise le langage que ce dernier comprend, en d'autres termes, des mots. Et lorsqu'Il repart, de nouveau, Il recommence à penser de la manière habituelle qui lui est propre, par l'énergie. Dans ses mondes supérieurs, Il pense non pas en mots et même non pas en concepts, c'est une forme complètement inconnue de pensée inconnue de l'homme, au moyen d'énergie.

Question: Une question sur le contenu du même livre. «Pythagore croyait que la pleine réalisation de l'idée de l'importance des formes géométriques, se trouvant à la base de la structure du monde, sera connue par l'humanité à l'ère du Verseau... Selon la loi de la similitude, la géométrie de l'espace sera interprétée avec la géométrie du corps humain». (69 p.41), «Une rotation cardinale» de Tikhoplav V. Y et T. S.

Réponse: Les formes géométriques, comme nous l'avons expliqué ci-dessus, sous-tendent en effet notre monde matériel comme des éléments structurels qui créent sa carcasse, son squelette, et formant simultanément des fonctions strictement définies sur la conversion d'un certain type d'énergies. Ils sont tous des dérivés du nombre.

Chaque figure géométrique (forme) fonctionne avec sa gamme d'énergies. L'entrelacement des formes géométriques donne un mélange de gammes d'énergie différentes, permet leur interaction, élargissant la gamme d'exploitation des énergies. Plus est complexe la configuration de la forme, et plus le type d'énergie avec lequel il fonctionne, est important.

Mais avant ces formes géométriques, il y eut d'abord la Pensée Suprême, réalisée d'abord en projet, puis les chiffres, les calculs numériques, et tout cela est également l'œuvre des Suprêmes, mais dans une autre qualité.

La pensée créative positive crée des objectifs (énoncés dans le projet), et la pensée négative de calcul révèle ces projets dans des mécanismes précis et fiables. Ensuite, les Exécutants Suprêmes réalisent le projet dans la réalité.

Quant aux paroles de Pythagore, stipulant que «la géométrie de l'espace sera interprétée par le bais de la géométrie du corps humain», nous avons déjà réalisé cela au cours de l'Ère du Verseau. Dans notre livre, «La philosophie de l'Absolu» (chapitre 3), et dans le livre

«Nouveau modèle de la Création» (article «Avancée des volumes des mondes», fig. 15), nous avons noté une telle analogie.

Tout espace, ainsi que toute forme, que nous appelons volume. Le volume du monde est une forme de multi-niveaux qui se développe. Chaque petit volume est inclus dans un plus grand, ce qui représente une organisation hiérarchique du volume des mondes. La hiérarchie du volume du monde se manifeste par une suite du plus petit à un volume plus important selon le développement de l'extérieur, et vice versa. L'espace est une matrice qui se développe. Tout volume du monde se construit sur la base d'une matrice spatiale, ayant une structure particulière, et une conservation de certains rapports entre les potentiels d'énergie des volumes.

Cette disposition nous rappelle les enveloppes subtiles de l'homme. Si chacune de ses enveloppes est prise comme volume du monde, alors l'analogie avec la géométrie de l'espace sera complète, parce que les enveloppes subtiles de l'homme ont aussi une structure matricielle, trinitaire, ce qui permet aux deux énergies opposées de l'univers d'évoluer en leur sein. Les enveloppes subtiles sont disposées les unes par rapport aux autres en fonction de l'importance de leur potentiel d'énergie, et aussi dans un ordre hiérarchique du plus petit volume au plus grand.

Autrement dit, eux aussi (les corps subtils) de l'homme et l'espace, des volumes des mondes ont une structure de niveaux et forment une hiérarchie de développement. Ils se distinguent par leur potentiel d'énergie, la taille, le nombre des volumes de niveaux et de l'orientation qualitative du développement. Pour le reste, les volumes des mondes selon leur structure, sont semblables à celles de l'homme.

LA NAISSANCE DE LA MATIÈRE À PARTIR DU VIDE

Question: Des scientifiques, et en particulier Chipov G. I. du livre des Tikhoplav «Une rotation cardinale», écrivent que la matière nait du vide. Est-ce vrai?

Réponse: Oui, cette déclaration est correcte. Toutefois, les détails de la description de la naissance de la matière à partir du vide dépendront de la conscience informative de la personne qui donne des précisions sur cette question.

Dans notre réponse, nous partons des faits basés sur la nouvelle base de données, qui nous est parvenue de nos Maitres Suprêmes, et non pas des recherches scientifiques, et donc l'explication correspondra au niveau de nouvelles connaissances, fournies par les Suprêmes au début de l'Ère du Verseau concernant la prochaine période d'évolution de l'humanité.

Le vide ne provient pas «de nulle part», il est créé spécifiquement pour chaque monde à part. Le vide des mondes physique a sa propre hiérarchie, ce qui signifie qu'il passe par des Niveaux de développement.

Dans la description de la genèse des processus, l'homme, au regard de ses nombreuses lacunes, oublie le plus important, soit, le Créateur de tout mécanisme ou de toute matière, autrement dit, oublie l'Esprit Suprême. Il s'attèle à attribuer l'apparition de quelque chose de grandiose et de magnifique à un incompréhensible «Rien», à un «Saint-Esprit» indéfini, à la dernière étape informe de l'évolution, qui est l'Absolu. Bien que ce dernier ne soit pas le point final, car après, l'évolution passera à un autre Absolu d'ordre supérieur. Du coup, la présence de la pensée créative inhérente à une Personnalité spécifique n'est pas prise en compte par l'homme, car son esprit a été placé au-dessus de tout. Cependant, ces Personnalités hautement développées sur le plan subtil sont nombreuses, en dehors de notre Dieu.

Tout autour de nous dans l'univers et dans les mondes subtils, créent ces Personnalités très intelligentes sur les instructions de notre Dieu ou d'autres Personnalités d'ordre supérieur. Par conséquent, les explications devraient commencer par celles-ci.

Pour cette raison, nous disons que tout vide est créé par des Personnalités Suprêmes à des fins spécifiques, et dans ce cas, pour un monde concret. Il (le vide) contient toutes les particules du futur volume du monde, nécessaires pour sa création depuis le moment initial au dernier stade. Cela signifie qu'il y a des particules qui sont utilisés pour construire un monde aux premières étapes de sa formation. Mais en même temps, bon nombre de particules sont utilisées pour les stades tardifs de développement, très lointains, et sont pendant un certain temps inactives, restent en réserve. Mais ces particules ne sont utilisées que pour la construction d'un monde complètement nouveau en volume, et non pas pour compléter la construction de processus ou du corps déjà en cours d'exécution.

Il est nécessaire de prêter une attention particulière à ce fait, ainsi dire, le vide est utilisé uniquement pour la construction du nouveau monde, et uniquement à son stade initial. Il faudrait comprendre cela comme suit. Les particules sont prises comme matière première pour la construction du volume du monde, mais il est construit ainsi dans ses fonctions et ses structures, afin de pouvoir à un certain moment continuer de se former de manière autonome, pour augmenter sa masse, ses dimensions désirées, en utilisant déjà par la suite ses capacités d'échange avec le monde extérieur.

Mais le développement du volume du monde dans le temps nécessite la création à différents stades de développement, des procédés spéciaux, des formes, capables de remplir les fonctions d'un ordre plus élevé.

Pour cette raison, au sein de tout volume du monde, ou d'univers, et au fil du temps, apparait bon nombre de nouveaux objets et processus. Ils sont conçus par les Êtres Suprêmes et remplissent une variété de fonctions de ces volumes à certains stades de développement.

Et pour tout ce nouveau, aux premiers stades, les particules du vide de ce monde sont utilisées.

Les particules du vide sont nécessaires dans la construction de tout nouveau dans l'univers, ou de tout volume du monde. Elles sont prises à partir du vide uniquement pour la construction initiale de toute nouvelle forme physique à l'intérieur du nouveau volume. Et ensuite, se déroule l'évolution de la matière par cette forme à l'aide de la transformation de l'énergie du monde extérieur en présence d'échange entre les corps célestes et le monde extérieur.

Pourquoi les particules du vide ne sont pas utilisées toutes à la fois?

Le potentiel initial de la matière formée est faible, car il commence son développement à partir de la limite inférieure du Niveau donné et pour sa formation dans les processus du vide se mettent en marche des éléments ayant un potentiel d'énergie faible.

La matière du monde se développe par Niveaux et consécutivement le potentiel d'énergie de ses éléments constitutifs augmente, mais cette croissance peut se poursuivre à ce niveau seulement jusqu'à un certain degré.

Lors du passage d'un monde, d'un état à un autre, c'est-à-dire, lorsque du nouveau est ajouté, la dimension suivante (par exemple, la planète passe au prochain Niveau), de nouveaux éléments doivent être utilisés, conçus à l'origine pour un potentiel d'énergie plus élevé et des qualités spécifiques des propriétés futures de la matière de ce monde. Ici, dans le processus de construction du monde, des éléments du vide d'ordre supérieur commencent à s'appliquer et des processus plus complexes se déclenchent.

Tout ceci est contrôlé par le programme de développement du monde. Il implique de nouveaux éléments du processus et les conduit à un résultat désiré. Le programme lui-même a été conçu et calculé par les Personnalités Suprêmes intervenant dans l'élaboration des mondes.

Comme nous l'avons écrit plus tôt dans le livre «Le nouveau modèle de la Création», la matière du monde est créée spécifiquement pour le Niveau de développement des mondes physiques, en d'autres termes, elle est conçue pour toute la hiérarchie des mondes physiques dans leur ensemble. Chaque Niveau a ses propres particules, mais les Niveaux adjacents comprennent des particules communes. Nous mentionnons, pour la simplicité de compréhension, un seul Niveau, par exemple, le monde terrestre.

Pour le potentiel d'énergie nécessaire de matière, sont conçues des particules élémentaires, autrement dit, elles sont créées avec des caractéristiques d'énergie appropriées. Toutes les particules doivent satisfaire les exigences des caractéristiques d'énergie de ce Niveau. Mais les particules, ce n'est pas seulement un ensemble libre d'éléments. Leurs propriétés de qualité sont élaborées sur la base des processus qu'ils ont à former, et des conditions des propriétés de la future matière qu'elles vont ensuite former en tant que résultat intermédiaire de ces processus.

La matière est en constante transformation, nous ne pouvons pas dire qu'elle est le résultat final de ces processus. Ayant formé la matière du Niveau donné et de la qualité par des réactions chimiques et des processus physiques, elles continuent d'évoluer, et ainsi tout résultat sera intermédiaire.

Les propriétés de la future matière, de cette manière, **définissent la composition du vide**, le nombre de ses particules et leur structure qualitative, prédéterminant leurs propriétés.

La matière du monde créée constitue un processus technologique de traitement de l'énergie, envoyée au plan inférieur des Êtres Suprêmes.

En d'autres termes, le but de développement au monde est donné au monde. Sur la base des objectifs, se développent les processus technologiques nécessaires. Ces processus et objectifs définissent les types de la matière qui devraient fonctionner en eux. Les propriétés souhaitées de la matière, ses fonctions, nécessitent la construction cette matière sur la base de certaines particules, lesquelles devraient avoir à l'origine des propriétés et des caractéristiques spécifiques.

Et de ce fait, du but de la création du monde pour un Niveau particulier, nous avons abouti au schéma simplifié jusqu'à aux particules qui sont nécessaires pour combler le vide de ce Niveau.

Les Personnalités Suprêmes créent des particules élémentaires pour le vide, après que l'ensemble du projet du monde soit conçu avec la tendance de son développement au fil du temps et de la phase finale de l'achèvement du développement et de la transition à un plan plus élevé. Seulement en cas de disponibilité d'un tel projet, il devient possible de créer les particules nécessaires, de les construire techniquement, et de leur conférer les mécanismes nécessaires d'interaction, ainsi que des caractéristiques d'énergie.

Les particules élémentaires du vide du même Niveau génèrent certains types de matière et leur confèrent les propriétés nécessaires. (L'eau a certaines propriétés, le gaz en a d'autres, le feu a aussi les siennes, et ainsi de suite). Mais les particules du vide physique ne sont pas en mesure d'élaborer les propriétés de la matière, inhérentes à d'autres mondes de Niveaux élevés, ou des mondes subtils (par exemple, ils ne sont pas en mesure de créer l'indestructibilité biologique du corps humain).

Toutes les particules élémentaires de l'énergie sont élaborées sur la base du Niveau approprié, à travers lequel existera, au cours du développement, ce monde. C'est justement un certain type d'énergie qui est un matériau de création et de construction. Chaque particule est conçue sur la base de certains paramètres et caractéristiques.

Sa structure doit répondre à des exigences strictement définies, étant donné que ces particules contribuent à la construction du monde dans son ensemble. Pour cette raison, dans l'ensemble, toutes les particules, à l'exception de certaines d'entre elles, sont soumises à des programmes stricts.

Les particules élémentaires du vide d'un autre Niveau construiront une matière ayant des propriétés complètement différentes. Autrement dit, d'abord au cours de leur création, sont orientées vers la formation des propriétés souhaitées pour cette matière qu'ils devraient former avec le recours du système des interactions.

Et ici, il est nécessaire de se faire une idée sur le travail colossal dans les opérations de calcul, que devraient déployer les Calculateurs Suprêmes dans le but de trouver les particules de vide appropriées en quantité et qualité. Leur forme (particules), de nouveau sur la base de calcul, et il est élaboré un programme futur du mouvement et d'interactions pour toute la durée de l'existence du monde concerné. Le programme est rattaché à la particule et lui dicte avec quelles autres particules elle peut entrer en communication, les réactions et avec lesquelles cette liaison ne serait pas nécessaire.

Ces processus sont contrôlés par le temps: quand un processus commence, interagit avec d'autres processus, quand il prend fin et quelle est la période se trouvant dans un état neutre, sans interactions, tout cela est contrôlé par le temps sur la base du programme.

Le programme contrôle le schéma de la qualité des interactions. Ce programme détermine la composition des composants du processus dans chaque unité de temps des éléments. Il y a un programme général du processus et un programme particulier de particule élémentaire. Les deux programmes: généraux et particuliers, sont reliés entre eux sur la base de commutation de «relais» du temps, pour être plus précis, de la matrice du temps. Par conséquent, chaque particule dans le vide «sait» à travers le programme et le temps, le moment d'intervenir dans le processus et avec quoi il faut communiquer.

Dans le vide, il y a des particules qui restent en réserve. Mais ce n'est pas parce qu'ils sont des particules de rechange, mais parce qu'ils doivent commencer à travailler à un moment plus tardif, car beaucoup d'objets apparaissent aux stades ultérieurs du développement du monde.

Le vide contient également des particules, qui sont prévues pour une variante du développement du monde, mais cette option ne s'est pas manifestée en raison du fait que l'évolution du monde est partie dans l'autre sens, autrement dit, les particules de remplacement se composent de particules d'options inutilisées. Les particules d'une même option prennent part pleinement à la construction du monde, alors que dans une autre option, une partie des particules n'intervient pas. En règle générale, les processus parallèles sont construits de telle sorte que la plupart des particules peuvent intervenir, et dans une autre option, et d'autres dans une autre variante. Par conséquent, lors du choix de toutes les options, les particules intervenant dans deux ou trois options, interagissent et il ne reste que les particules de l'option non concernée, lesquelles forment les différences dans les processus de développement dans le cadre des voies d'évolution du monde offertes.

Autrement dit, le comportement de toutes les particules élémentaires dans le vide, ou dans le monde, est contrôlé par un programme. L'existence d'un programme, de projet de développement du monde, lequel met en marche ses processus, de ses réactions, indique que le vide ne peut pas contenir un nombre infini de particules. Et leur côté quantitatif, et qualitatif, sont planifiés par les Suprêmes, contrôlés et au bon moment, corrigibles.

Avec l'évolution du volume du monde, se déroulent progressivement l'une après l'autre, l'intervention des éléments du vide pour créer quelque chose de nouveau. Mais, lorsque le processus initial ou l'objet est mis en marche, ou en d'autres termes, en vie, ils n'utilisent plus les particules du vide. Tout phénomène nouveau se construit de façon à créer son propre mécanisme pour augmenter ses dimensions ultérieures à l'aide de l'interaction avec l'environnement, l'échange avec ce dernier et la formation de matériau extérieur à l'intérieur.

Lorsque se déroule le développement dans le temps, une chose apparaît dans le monde avant, une autre chose, plus tard, mais tout ce qui est nouvellement créé n'utilise le vide que dans les premiers moments de sa formation, ensuite commence une vie autonome. Et toutes les fonctions sont orientées vers la croissance du nouveau créé au moyen des interactions avec le monde extérieur et de l'utilisation de son matériau pour son développement. Et le milieu extérieur existe toujours pour tous les objets et le monde, ainsi que l'univers, et la Création. Cela constitue une loi immuable de l'existence.

Mais qu'est-ce qui se passe avec le vide lorsque le volume du monde achève son développement à ce niveau et continue dans l'autre?

Étant donné que chaque volume du monde a son vide, le vide du monde inférieur sera en grande partie différent de celui du volume du monde supérieur. Mais si ces vides sont adjacents, ils présenteront des éléments communs. Si ces mondes sont différents de plusieurs Niveaux (deux ou plus), alors les vides qui s'y trouvent, seront complètement différents et incompatibles selon leur potentiel d'énergie, et la composition des particules, ainsi que leurs qualités.

Si le volume d'un vide de grand potentiel est placé dans un volume de vide de plus petit potentiel, alors, celui de volume plus petit explosera. Et si un plus petit volume de vide est placé dans un plus grand volume de vide, alors le plus petit sera écrasé par la puissance du plus grand volume.

Ces réactions sont liées aux valeurs des potentiels d'énergie des Niveaux, à chaque monde et, par conséquent, son vide correspond à son potentiel d'énergie, à sa puissance. Il en résulte que toutes les particules élémentaires dans différents Niveaux du vide se distinguent par le potentiel d'énergie, et les particules d'un vide seraient incompatibles selon ces potentiels avec des particules d'un autre vide.

Pour cette raison, on ne peut pas affirmer que tous les mondes physiques et univers proviennent d'un même vide absolu. Ici, nous ne parlons que du vide physique de la matière. À chaque monde, son vide.

En ce qui concerne les mondes de l'énergie, ils prennent les premiers éléments de leur structure d'un autre état, et non pas d'un vide. Ils n'en ont aucun.

Ces substituts de leur vide ont non pas des particules élémentaires, mais certains types d'éléments d'énergie qui permettent de construire ce monde d'énergie. C'est là une forme complètement différente de génération, pour le moment inconnue de l'homme.

Tout vide repose sur ses lois d'existence, c'est ce que nous avons écrit dans la série «Au-delà de l'inconnu». Si ces lois n'existaient pas, il n'y aurait pas eu alors du vide en tant que tel. Il n'aurait pas pu sans elles contenir un volume d'existence autonome. Et les particules en ce vide se seraient disposées non pas chaotiquement, mais aussi selon certaines lois propres au vide de ce Niveau, ainsi les lois prennent en compte leurs propriétés et potentiels d'énergie. Par ailleurs, ils sont retenus dans le volume par un programme de leur existence, rattaché à ce volume du vide.

Il y a un remplacement de programme lors du passage d'un volume du monde à un niveau supérieur. Le remplacement de programme a lieu en même temps à toutes les hiérarchies des mondes par Niveaux.

Il faudrait mentionner qu'un volume de monde monte au prochain Niveau de la hiérarchie des mondes physiques uniquement en cas d'évolution générale de tous ses mondes supérieurs et inférieurs, en d'autres termes, la hiérarchie dans son ensemble réalise le mouvement des mondes dans l'ensemble.

Lors de la transition, l'état qualitatif du monde change, d'autant plus qu'il commence à assimiler une nouvelle gamme d'énergies plus élevée. Le vide du monde, tout comme son unité de composition séparée, est transféré en même temps.

Mais quand la hiérarchie de la matière physique, ses mondes, ont été créés par les Suprêmes, à l'avance, le vide a été développé dans ses composantes quantitatives et qualitatives pour chacun de ses Niveaux, car les Suprêmes considèrent cette hiérarchie comme un certain volume achevé avec une structure interne de niveaux. Par conséquent, en tant que volume entier, le vide est calculé instantanément, et au sein de celui-ci, tous les éléments séparés, conduisant à un objectif commun, sont élaborés. Mais d'autant plus que chaque monde de niveau a son propre vide, ce fait nécessite la création d'une hiérarchie séparée du vide. Ainsi donc, on peut parler d'existence de hiérarchie du vide dont le nombre de Niveaux correspond au nombre de mondes physiques dans leur hiérarchie.

Les Êtres Suprêmes élaborent instantanément le développement qualitatif de tous les mondes de la hiérarchie physique (soit, le passage de la matière à travers des gammes d'énergies spécifiques), et tous les vides pour chaque Niveau. Ainsi, la composition du vide à tous les Niveaux est prédéterminée à l'avance dans la tendance de ses changements de niveau. Autrement dit, le volume du monde de premier Niveau, passant au prochain degré, aura une composition du vide de deuxième Niveau avec correction du temps (le temps apporte toujours des changements en tout). Mais, un volume du monde de quatrième Niveau après son ascension, aura une composition du vide de cinquième Niveau, et également avec correction de temps.

La correction du temps de Niveau signifie qu'à l'ancienne composition sont ajoutées de nouvelles structures d'énergie. Par conséquent, tout de même, les vides de second Niveau, précédent et actuel, seront différents l'un de l'autre selon la composition de la qualité. Toutefois, leurs potentiels d'énergie seront les mêmes, à savoir que le potentiel du volume du vide de second Niveau, étant monté au niveau supérieur, aura un vide de volume de troisième Niveau, lequel avait un volume du monde antérieur, alors qu'il se trouvait ici au stade de développement.

Avec la croissance de l'univers matériel, du volume du monde pour la **construction de nouveaux objets** en leur sein, est utilisé un énergopotentiel de particules de Niveau approprié, particules prélevées complémentaire de la hiérarchie du vide du Niveau donné correspondant.

Ainsi, lors du passage au prochain Niveau, les volumes du monde utilisent non pas les anciens vides laissés ici, mais auront leur vide préalable avec des tendances mises à jour de leurs changements de niveau. Mais au cours de la transition, l'ancien vide est complété par de nouveaux procédés, structures et particules, requis pour le Niveau supérieur.

Pourquoi les volumes du monde du Niveau supérieur n'utilisent pas les anciens vides?

Tout d'abord, parce que l'état qualitatif du vide doit être différent, d'autant plus que le temps apporte nécessairement des changements dans la construction du monde, et de ce fait, le vide doit être déjà différent ici. Autrement dit, le monde subséquent, substituant le précédent, ne va pas le copier complètement, mais commencera au même niveau à construire ses propres différences et particularités, créant ainsi un volume du monde de caractère particulier. Et à cette fin, le vide du monde précédent (dont il occupe la place actuellement) deviendra inapproprié.

En deuxièmement, le vide doit évoluer, de même que tout le reste; et le développement suppose un déplacement sur les marches de la hiérarchie, en quelque sorte, il ne peut d'aucune façon rester au même endroit, se transformant en une sorte de constante.

Et, troisièmement, tout vide est une propriété du monde qu'il construit. Il fait partie de son agencement structurel, de son volume du monde, et est une propriété privée.

Le vide du Niveau précédent devrait être développé, ainsi que tout le reste, précisément, il se développe en même temps que son volume du monde, mais selon les processus de sa technologie. Le fait que le vide fournit correctement les particules pour la construction du monde, et le reste est redistribué d'une certaine façon, il est lié à la forme d'activité, à l'aide de laquelle il se perfectionne. La redistribution de l'équilibre d'énergies, de même que l'uniformité de la répartition de certaines caractéristiques d'énergies après libération de certaines particules, est liée à la forme de son fonctionnement.

Le vide régit le potentiel d'énergie, à savoir le rapport entre le potentiel global de son volume et le potentiel global des particules. Ce rapport doit être maintenu dans une proportion logique et pour cela, ce rapport est constamment ajusté par le volume global du vide. Une certaine valeur du rapport global et individuel, doit être maintenue, et cette valeur sera différente pour chaque Niveau. Et tout cela nécessite des réarrangements spécifiques dans le plan subtil de ce volume. Ainsi, après la perte d'un certain nombre de particules par le vide, il y a une réorganisation, un travail intérieur qui se fait.

Le développement apporte toujours des changements à la construction de la forme ou du volume. Si l'on compare le vide du Niveau inférieur de la hiérarchie des mondes physiques et celui du

Niveau intermédiaire, ils seront incomparables: selon leur contenu en particules et selon les processus qui se passent en eux, de même que certaines lois qui les régissent.

Ces différences se manifestent en raison de l'évolution du vide pendant la montée de son volume du monde à différents stades de sa hiérarchie.

Ayant atteint le sommet de la hiérarchie des mondes physiques, les volumes du monde passent à un nouvel état, celui des mondes de l'énergie. Commence alors l'étape suivante dans une nouvelle forme d'existence. Par conséquent, le volume du vide subit une transformation, et continue à se développer par la suite en une nouvelle qualité.

Ainsi, le vide des mondes physiques est mis à jour artificiellement et délibérément, en tenant compte du développement qualitatif du monde. De plus, il n'existe pas de manière éternelle, mais aussi longtemps qu'existe son monde physique. Le vide évolue en même temps que le monde physique, alors quand ce dernier passe à un état d'énergie, son vide, lui aussi passe avec lui à un nouvel état, après transformation. Mais il cesse d'exister comme vide physique.

Dans les mondes d'énergie, il n'y pas de nécessité dans les particules, chargées de former la matière. Tout y est construit sur la base de l'énergie. Et cette énergie a une structure différente de celle des particules.

SOMMAIRE

Introduction...7
Chapitre1
Développement de l'âme...9
Des vies vides de sens...13
Motivations pour le développement d'une jeune âme....................16
Le sens de la vie..20
Influence de l'apparence de l'homme sur son développement..........32
L'amour sauve le monde..40
Chapitre 2
Matrices de différents types d'âmes.................................43
Formes de vie..52
Blocage de l'ancienne mémoire..60
Chapitre 3
Niveaux de développement...65
Mécanismes de niveau de développement............................67
Cycles de développement de la planète...............................82
Programme d'auto-apprentissage.....................................86
Chapitre 4
Niveaux de connaissances..93
Page poétique..104
Progression dans les qualités négative................................105
Progression dans les qualités positives................................112
Méthodes de progression des âmes....................................123
Chapitre 5
Méthodes de conquête de l'âme..129
Méthodes de conquête de l'âme par le système positif................130
Méthodes de conquête de l'âme par le système négatif................143
Chapitre 6
Situations de développement sans issue...............................157
La jalousie comme moyen de lutte pour la morale....................160
Matrices du temps, des lois, des concepts, de la parole...............167
À propos du plagiat..172
Questions et réponses...174
Dieu possède-t-il une structure..176
Réponse à Pythagore..178
Naissance de la matière à partir du vide..............................187
Sommaire..199

La liste des livres
Série « Au-delà de l'inconnu »
Seklitova L.A & Strelnikova L.L

Site : www.6paca-france.com
Mail : 6paca.fr@gmail.com /ou simon.couvin@gmail.com

FACILE
« L'Esprit Supérieur révèle les mystères » (FAQ)
« Terrestre et Éternel » (FAQ)
« Les mystères du 21ème siècle » (FAQ)
« Le chemin de l'inconnu » (FAQ)
« L'illusion de vérité » (FAQ)
« Rencontre avec les invisibles »
« La création des formes ou bien les expérimentes de l'Esprit Supérieur»
« L'Homme de l'ère du Verseau »
« Le dictionnaire de la philosophie cosmique »
« Le mystère de la réalité »
«La révélation du cosmos»
« le mystère à la réalité »
« Le Formule de l'évolution »
« L'homme de la race d'or »
« Le feu de Prométhée ou la mystique »
« La réponse de Pythagore » (FAQ)
« Les secrets énergétiques d'un mariage durable »
« Les capacités paranormales »
« La transformation des âmes de différentes formes de vie »
« Les doubles de la Terre »
« Le but du développement de l'homme »

MOYEN
« L'Âme et les mystères de sa structure» (FAQ)
« Les mystères des mondes Supérieurs » (FAQ)
« La vie secrète des Maitres Célestes » (FAQ)
« La structure d'énergie d'une personne et de la matière » (FAQ)
«Les perles des vérités Supérieurs »
« Conversation sur l'inconnu »

« La matrice – base de l'âme »
« Le doigt du Destin »

DIFFICILE
« La philosophie de l'éternité »
« La philosophie de l 'Absolu »
« L'individuel et l'éternité »
« Formation de l'âme ou paradoxale philosophie »
« Le nouveau modèle de l'Univers, et le mystère de l'univers, est ouvert »

TRÈS DIFFICILE
« Les Lois de l'Univers »

Série « Encyclopédie d'une Nouvelle Ère »
Seklitova L.A & Strelnikova L.L

MOYEN
4. « La naissance, la mort et le Karma » Tome 4
5. « L'Amour, la Famille et les Enfants » Tome 5
6. « L'évolution de l'Humain » Tome 6
9. « La personne extraordinaire » Tome 9

DIFFICILE
1. « Le création de l'Homme » Tome 1
2. « Le création de l'âme » Tome 2
3. « Le développement de la mentalité » Tome 3
7. « Le Choix de l'Âme ou bien l'Évolution positive et négative d'une personne » Tome 7
8. « Le Sort, le Destin ou bien le Rôle des Programmes dans l'Évolution d'une personne » Tome 8
9. « L'Humanité » Tome 9
10. « L'Homme Incroyable » Tome 10
11. « Nouvelles informations sur la religion » Tome 11

SECTION : « La race de la Terre d'or »

DIFFICILE
12. «La terre, une planète sage » tome 1

13. «Les mystères du Temps » tome 2
14. « L'univers et ses mondes » tome 3

Série « Magie de la Perfection »
Seklitova L.A & Strelnikova L.L

FACILE
« La Liberté et la Inévitable »
« Les leçons Karmiques du Destin »
« Le Grand Passage ou les Variantes de l'Apocalypse »
« Pourquoi les changements de la Terre »
« Lc Formulc dc l'évolution »
« La Terre – 21 siècle »

MOYEN
« La Phénomène de l'âme »

Série « Spiritualité à Aphorisme »
Seklitova L.A & Strelnikova L.L

FACILE
Cette série compose en un livre « la spiritualité en aphorismes » qui comprend des livres suivants: « Facettes du diamant », « Blues d'étoile », « Miroir de la sagesse », « Pétales du lotus », « Ode de l'éternité », « Sonate de la vérité », « Sagesse *à aphorisme* », « Vérités éternelles ».